비전불패

비전불패

지은이 김학중
펴낸이 안용백
펴낸곳 (주)도서출판 넥서스

초판 1쇄 발행 2009년 12월 15일
초판 2쇄 발행 2009년 12월 20일

출판신고 1992년 4월 3일 제311-2002-2호
121-840 서울시 마포구 서교동 394-2
Tel (02)330-5500 Fax (02)330-5555

ISBN 978-89-6000-728-4   03230

www.nexusbook.com
넥서스CROSS는 (주)도서출판 넥서스의 기독 브랜드입니다.

비전불패

김학중 지음

넥서스CROSS

비전이 우리를 승리로 이끈다

아무리 하늘에서 비가 쏟아져도 그릇을 준비하지 않으면 한 방울의 물도 얻을 수 없는 것처럼, 꿈을 가지고 있지 않은 사람은 풍성하게 내리는 하나님의 축복을 조금도 받을 수 없다. 꿈은 마음의 소원을 이루는 그릇이다. 하나님은 꿈을 가진 사람에게 역사하신다. 당신에게는 자신의 모든 것을 다 쏟아부어도 아깝지 않을 만한 꿈이 있는가?

오늘날 가장 큰 문제 중의 하나는 비전 없이 사는 사람이 많다는 것이다. 그들은 먹을 것이 풍부하고, 멋진 차를 타고 다니고, 좋은 집에 살아도 정작 가슴속에 불타오르는 비전이 없는 것이다. 그런 사람들은 스스로 울타리를 치고 그 안에 갇혀 울타리 밖을 볼 생각도, 나갈 생각도 하지 않는다.

하지만 그리스도인은 다르다. 기독교는 눈에 보이지 않는 것을 향해 나아가는 비전의 종교이다. 세상 사람들은 눈에 보이는 것만을 추구하고, 현재의 삶에 안주하기를 소망하며 살아간다. 그러나 그리스도인들은 미래를 향해 전진하는 사람들이다. 하나님은 우리가 꿈꾸는 사람이 되기를 원하신다. 거룩한 비전을 품은 사람이 되기를 원하신다. 그리고 그 비전을 통해서 역사하신다. 우리의 꿈의 그릇만큼, 비전의 크기만큼 역사하신다. 그런 의미에서 우리는 거룩한 비전을 품었던 사도 바울을 통해 비전의 위대함을 배워야 한다. 그러면 지금부터 어떻게 비전의 사람이 될 수 있는지에 대해 함께 살펴보자.

목표를 설정하자

비전을 이루는 가장 첫 번째 단계는 목표를 설정하는 것이다. '비전의 사람' 바울에게는 분명하고 확실한 목표가 있었다. 그는 당시 세계의 정치, 경제, 문화의 중심지였던 로마에 가서 복음을 전하겠다는 비전을 가지고 있었다. 그 다음 목표는 지중해 동부 지역인 서바나, 즉 지금의 스페인으로 가는 것이었다.

바울은 주님께서 명령하신 세계 복음화를 달성하기 위해, 로마를 전진기지로 정하고 그곳을 통해 당시 땅 끝으로 여기던 서바나를 공략하고자 했던 것이다.

비전의 사람은 말만 하는 사람이 아니다. 비전의 사람에게는 구체적인 목표가 있어야 한다. 왜냐하면 목표는 믿음의 선언이요, 비전의 옷이기 때문이다. 목표를 정하고 나면, 그 순간부터 목표가 우리를 이끌어가는 견인차 역할을 한다. 목표는 온갖 어려움과 역경을 극복하게 만드는 힘이 있다.

자동차 왕 헨리 포드는 농촌에서 태어나 16살에 디트로이트로 가서 토머스 에디슨이 세운 회사의 직공으로 들어갔다. 포드는 열심히 일해서 점점 인정을 받았다. 한번은 에디슨을 만날 기회가 있었다. 그는 에디슨에게 한 가지 질문을 했다.

"가솔린이 기계를 돌릴 수 있는 힘을 낼 수 있습니까?"

이 질문을 들은 에디슨은 두말하지 않고 대답했다.

"그렇소."

포드는 에디슨의 대답을 듣고 할 수 있다는 확신을 가지게 되었다. 그리고 자동차 엔진을 만들기 시작했다. 하지만 1년이 지나고 2년이 지나고, 그 후 여러 해가 지나도 성공하지 못했다. 그러다가 그는 드디어 13년 만에 자동차 엔진을 만들어냈다.

목표가 분명한 사람은 아무리 실패의 난관이 있다 할지라도 목표를 이룰 때까지 좌절하지 않는다. 목표를 향해 꾸준히 노력하며 달려간다.

바울에게는 세계 복음화라는 비전과 목표가 있었다. 그는 이 비전을 가지고 힘차게 나아갔다. 매를 맞아도 멈추지 않았고, 돌에 맞아도 멈추지 않았으며, 배가 파선을 당해도 멈추지 않았다. 가슴속에서 활활 타오르는 비전으로 인해 어떠한 난관을 만나도 좌절하지 않고 나아갈 수 있었다.

당신도 사도 바울과 같은 비전을 가지라. 살맛 나게 하는 비전,

어떠한 어려움도 극복하게 하는 비전이 당신의 가슴속에서 뜨겁게
타오르기를 바란다.

있는 힘을 다하자

목표를 세웠으면 목표를 이루기 위해 최선을 다해야 한다. 목표
는 얼마든지 세울 수 있다. 그러나 그 목표를 향해 끝까지 나아가는
사람은 얼마 되지 않는다. 비전의 사람은, 목표를 세우고 그 목표를
향해 최선을 다하는 사람이다.

그런 의미에서 요셉은 우리에게 많은 것을 가르쳐준다. 그는 큰
꿈을 가졌지만, 현실도 무시하지 않았다.

요셉은 애굽으로 끌려갈 때도 도망갈 궁리를 하지 않았다. 보디
발 장군의 집에서 종살이를 할 때도 도망치려고 하지 않았다. 그는
종살이하면서도 최선을 다해 일했다. 그 결과 요셉은 보디발 장군
의 모든 살림살이를 책임지는 가정총무가 되었다.

또한 그는 억울하게 옥에 갇혔을 때도 벗어날 궁리를 하지 않았다. 그는 오히려 감옥에서도 자신에게 주어진 일에 최선을 다했고, 교도소장으로부터 인정을 받아 옥에 있는 모든 죄수를 관리하는 자리에 앉게 되었다.

미국의 베리학교를 창설한 마르다 베리 여사는 가진 것이 없는 가난한 사람이었다. 그러나 농촌의 가난한 아이들을 교육시키려는 큰 꿈을 가지고 있었다. 베리의 꿈은 꺼지지 않고 계속해서 불탔으나 돈이 없었다. 그녀는 기도 중에 당시 거부(巨富)였던 헨리 포드를 찾아갔다. 그런데 포드는 그녀에게 고작 1다임(1달러의 1/10)을 주었다. 보통 사람 같으면 모욕과 멸시감을 느꼈을 것이다. 그리고 화를 내며 받은 돈을 내동댕이치고 나왔을 것이다.

하지만 베리 여사는 실망하지 않고 포드로부터 받은 1다임으로 씨앗 한 봉지를 샀다. 그리고 아이들과 함께 정성껏 길러 첫해에 작은 수확을 거두었고, 그것을 팔아 다시 씨앗을 사서 점점 농장의 규

모를 키워나갔다. 그런 식으로 여러 번 반복한 끝에 드디어 그녀는 건물을 하나 세웠다. 그리고 헨리 포드를 다시 찾아갔다.

"포드 씨! 몇 해 전에 당신이 주었던 1다임으로 이루어놓은 성과를 보십시오. 건물 한 채가 지어졌습니다."

포드는 자기 귀를 의심할 지경이었다. 그래서 베리 여사가 세워놓은 건물을 직접 찾아가본 포드는 큰 감명을 받았고, 즉석에서 100만 달러를 기부하고 돌아갔다. 그리하여 베리 학교가 세워지게 된 것이다.

진정한 비전의 사람은 주어진 현실을 도외시하는 이상주의자가 아니라 처한 현실을 인정한다. 그렇다고 미래는 무시한 채, 현실만을 바라보는 현실주의자도 아니다. 비전의 사람은 미래에 대한 기대를 가지고, 주어진 현실 속에서 최선을 다한다.

사도 바울은 로마를 거쳐서 서바나에 가고자 하는 비전과 목표를 세웠지만, 그의 앞에 놓인 현실은 암담했다. 로마에 가려고 수차

례 시도했지만 번번이 길이 막혔다. 하지만 그는 그 자리에 주저앉지 않았다. 목표를 잃지 않았고, 주어진 현실 속에서 최선을 다해 주님의 일을 했다.

> 그러나 이제는 내가 성도를 섬기는 일로 예루살렘에 가노니 이는 마게도냐와 아가야 사람들이 예루살렘 성도 중 가난한 자들을 위하여 기쁘게 얼마를 연보하였음이라(롬 15:25~26).

사도 바울의 비전은 로마와 서바나까지 가서 그리스도의 복음을 전하는 것이었지만, 그 길이 막히자 그는 예루살렘으로 발길을 돌렸다.

사도 바울은 핍박과 어려움에 처해 있는 예루살렘의 성도들을 돕기 위해 고린도와 갈라디아와 마게도냐 등의 많은 이방인이 드린 구제헌금을 가지고 예루살렘으로 향했다. 그는 최선을 다하여 해외 선교의 길이 열리기를 기다렸다.

당신도 비전을 품고 있다면, 사도 바울처럼 있는 자리에서 최선을 다하라. 현실을 통하지 않고는 미래가 오지 않는다. 지금 당장 진전이 없어 보여 답답하더라도, 하나님을 의지하고 기도하며 미래를 준비하라.

아무 노력도 하지 않고 저절로 위대한 사람이 될 수는 없다. 꿈만 꾸지 말고, 자신이 할 수 있는 최선의 노력을 다하라. 결코 좌절하지 않고 비전을 위해 준비했던 사도 바울처럼, 아무리 사방이 꽉 막혀 있어도 주어진 여건 속에서 자신이 할 수 있는 일을 찾으며 모든 일에 성실하게 임하라.

함께 더불어 기도하자

사도 바울의 서신들을 살펴보면, 기도를 부탁하는 모습을 자주 발견할 수 있다.

형제들아 내가 우리 주 예수 그리스도와 성령의 사랑으로 말미암아 너희를 권하노니 너희 기도에 나와 힘을 같이하여 나를 위하여 하나님께 빌어(롬 15:30).

바울은 로마 교회 성도들에게 매우 간절하게 기도를 부탁했다. 그는 이제 마지막이 될지도 모를 서바나 선교 계획과 함께 예루살렘 방문 시 닥쳐올지도 모를 유대인들의 위협을 생각하고 있었다. 그래서 긴급히 구조 요청하듯, 중보기도를 부탁했다.

이를 통해 알 수 있는 것이 무엇인가? 비전을 이루기 위해서는 기도가 필요하다는 것이다. 예수님 이후에 가장 크게 쓰임받았던 사도 바울에게도 기도가 필요했다. 귀신을 쫓아내고, 손수건이나 앞치마를 병든 사람에게 얹는 것만으로 병을 낫게 하고, 수많은 무리 앞에서 담대하게 말씀을 전하던 능력의 사람 바울도 기도하며 나아갔다. 그리고 다른 사람들에게 중보기도를 요청했다. 바울은 합심 중보기도의 능력을 알고 있었다. 그래서 다른 사람들과 함께 기도하려고 했던 것이다.

중보기도의 능력을 보여주는 다음의 예화를 살펴보자. 달을 향해 아폴로 13호를 쏘아 올릴 때 미국의 과학자들은 다음과 같이 말했다.

"아폴로 13호는 현대 과학의 걸작품입니다. 이것은 매우 정교하면서도 완벽합니다. 이것이 고장 날 확률은 100만분의 1입니다."

아폴로 13호는 모든 사람의 확신 속에서 출발했다. 그러나 지구로부터 2만 마일을 벗어나지 못한 채 고장이 나고 말았다. 산소통이 터져버린 것이다. 그들은 더 이상 여행을 계속할 수가 없었다. 더 구나 돌아올 방법도 막막했다. 우주 비행사들은 미국 텍사스 휴스 턴에 있는 우주 지휘소에 비상 연락을 취하고 회신을 기다릴 수밖 에 없었다. 그러나 휴스턴에서도 별다른 방법이 없었다. 2만 마일 이나 떨어진 우주선으로 갈 수는 없었다. 우주 지휘소에서는 그저 북극성을 바라보며 방향을 잡아서 돌아오라고 회신을 보낼 수밖에 없었다. 우주 비행사들은 영원한 우주의 미아가 될 위험에 빠진 것 이다.

그때 미국 대통령은 전 국민을 향해, 아침 9시에 함께 기도하자 고 호소했다. 그 제안에 따라 온 국민이 함께 기도했다. 그러자 기적 이 일어났다. 아폴로 13호가 무사히 태평양에 떨어진 것이다. 구조 된 우주 비행사들은 배에 오르자마자 군목의 손을 잡고 하나님께 감사의 기도를 드렸다. 머리를 숙이고 감사의 기도를 드리는 장면 이 그 주간의《타임》표지에 실렸다.

우주 비행사 중 한 사람인 스위어트는 기자회견에서 다음과 같이 말했다.

"우리는 지구에 계신 여러분과 함께 하나님께 열심히 기도했습니다. 우리가 돌아올 수 있었던 것은 기도의 힘이라고 믿습니다."

한 사람의 기도 소리보다 두 사람의 기도 소리가, 두 사람의 기도 소리보다 열 사람의 기도 소리가 큰 법이다. 하나님께서는 한 사람의 기도도 물론 들어주시지만, 함께 부르짖어 드리는 기도를 서둘러서 들어주신다.

그러므로 신실한 기도의 동역자를 만나게 해달라고 기도하자. 무슨 일을 하든 간절한 마음을 합하여 함께 기도드리자. 그러한 기도를 통해 하나님의 능력의 손길을 경험하자.

당신에게도 바울처럼 자신의 모든 것을 다 쏟아부을 만한 꿈이 있는가? 남은 인생 동안 계속해서 붙들고 달려갈 비전을 가지고 있는가? 비전이 없는 사람은 비전을 달라고 하나님께 기도하라. 그리고 하나님이 주시는 비전을 꼭 붙잡으라. 또한 비전이 있는 사람은 바울처럼 비전에 따른 목표를 세우고, 현재의 자리에서 최선을 다하라. 그리고 다른 사람과 함께 기도함으로써 비전을 이루자. 그리하여 세상을 변화시키고, 하나님께 영광 돌리는 삶을 사는 사람이 되자.

불패의 신화를 꿈꾸며…
꿈의교회 김학중 목사

차
례

PART **3** 영향력을 발하라

PART **1**

비전을 품으라

위대한 사람이란 따로 없다. 단지 위대한 꿈이 있을 뿐이다.

토머스 케리

1장

꿈 있는 사람이 되자

새해가 시작되면 누구나 꿈 이야기를 한다. 드러내놓고 자기 꿈이 무엇인지 이야기하는 사람이 있는가 하면, 입을 다물고 있지만 마음속으로는 어떤 꿈을 가지고 살지, 어떤 꿈을 이루어볼지 생각하는 사람도 있다. 꿈을 먹고 산다는 것, 꿈을 위해 뛴다는 것, 꿈을 이루기 위해 최선을 다한다는 것은 건강하고 희망찬 삶을 위해 없어서는 안 될 중요한 요소이다. 꿈은 우리가 어떤 사람인가를 결정해준다. 꿈이 고상하면 그 사람도 고상해지고, 꿈이 천박하면 그 사람도 천박해진다. 꿈이 선하면 삶이 선해지고, 꿈이 악하면 삶도 악해진다.

토머스 제퍼슨은 "나는 과거의 역사보다는 미래의 꿈을 더 좋아한다"라고 이야기했고, 헨리 데이비드 소로는 "꿈은 인격의 척도다"라고 이야기했다. 그만큼 꿈은 참으로 귀한 것이다. 당신이 언제나 꿈을 가지고 아름답게 살아가기를 기도한다.

한 젊은 만화가가 자신의 그림을 들고 여러 신문사를 찾아다니며 연재를 부탁했다. 그러나 어느 곳에서도 그의 그림을 인정해주지 않았다. 심지어 한 신문사의 기자는 그의 그림을 보고 독설을 퍼붓기도 했다. "당신은 그림에 재능이 없어요. 이런 이상한 그림을 인정해줄 사람은 아무도 없을 겁니다."

그러나 그 만화가는 희망을 버리지 않았다. 그는 교회 홍보물 삽화를 그리며 기회가 오기를 기다렸다. 그는 너무나 가난했기 때문에 쥐가 우글거리는 교회 창고에서 그림을 그려야 했다. 그러다가 창고에 사는 작은 생쥐 한 마리와 친해졌다.

그 생쥐의 모습을 유심히 관찰하던 그는 귀여운 생쥐 캐릭터를 그렸는데, 이것이 선풍적인 인기를 모았고, 그는 일약 거부가 되었다. 이 사람이 바로 미국 만화영화의 개척자인 월트 디즈니다. 그리고 그가 그린 생쥐 그림이 바로 그 유명한 '미키마우스'다. 꿈이 있는 사람은 반드시 빛을 본다. 다만 그 시기가 저마다 다를 뿐이다.

그런데 월트 디즈니처럼 처절한 고난을 겪으면서도 꽃보다 아름답고, 보석보다 영롱하고, 무지개보다 찬란한 삶을 살았던 인물이 성경에 있다. 바로 요셉이다. 요셉은 수많은 고난과 실패를 통해 연단받고 금같이 빛나는 인생을 살게 된 사람이다. 아마 그의 삶과 신앙을 잘 보여주는 성경말씀 하나를 고르라면 욥기 23장 10절이 될 것이다. "내가 가는 길을 오직 그가 아시나니 그가 나를 단련하신 후에는 내가 순금같이 되어 나오리라."

그러면 요셉의 생애를 통해, 하나님이 요셉을 들어 사용하시게 된 이유를 살펴보자.

요셉은 성경에 나오는 많은 인물 중에서 예수님과 가장 닮은 사람이다. 요셉과 예수님은 두 사람 다 30살에 공적인 사역을 시작했고, 형제들로부터 따돌림을 당했다. 그리고 각각 요셉은 은 20냥, 예수님은 은 30냥에 팔렸다는 점도 비슷하다. 그런 점에서 구약의 요셉은 신약의 예수님의 그림자라고 말하기도 한다. 그래서 많은 사람이 요셉의 생애는 너무 완전하고 완벽하기 때문에 우리가 본받고 닮기에는 어렵다고 생각한다.

그러나 요셉이 형통하게 되고 하나님을 위해 큰일을 감당하게 된 것은 그가 완벽했기 때문이 아니라 그 이유가 따로 있었다.

첫째, 하나님의 은총이었다. 요셉을 요셉답게 한 것은 바로 하나님이시다. 요셉의 별명은 '꿈쟁이'다. 그런데 요셉의 꿈을 살펴보면 그가 단순히 허황된 꿈을 꾼 것이 아니라, 하나님께서 요셉에게 꿈을 주셨음을 알 수 있다. 요셉의 생애를 이끌어갔던 것은 요셉 자신이 아니라 하나님이셨던 것이다. 즉, 하나님의 특별한 은총이 없었다면 요셉은 존재하지 않았을 것이다. 따라서 요셉 인생의 주인공은 하나님이시다. 요셉의 생애를 통해 역사하신 하나님께서 우리의 인생 가운데서도 동일하게 역사하심을 믿으라.

둘째, 요셉이 위대한 생애를 살게 된 것은 하나님의 은총일 뿐 아니라, 그의 특별한 모습 때문이었다. 요셉은 예수님과 가장 많이 닮은 위대한 인물이기는 하지만, 우리와 똑같은 성정을 가진 사람이었다. 그도 흠이 많고 완전하지 않은 사람이었다. 그럼에도 불구하고 그는 하나님의 특별한 사랑과 은총을 받았다. 그의 형제는 그를 포함해서 모두 12명이었다. 하나님은 그들 모두와 함께하셨다. 그런데 하나님이 특히 요셉을 기뻐하시고 더욱 크게 사용하신 이유가 무엇이겠는가. 요셉에게는 하나님의 편애를 받을 만한 특별한 무엇인가가 있었다. 그에게는 보통사람과는 뚜렷이 구별되는 하나님의 사람다운 모습이 있었다.

그것은 바로 '꿈'이다. 요셉은 하나님이 주신 꿈을 갖고 그 꿈을 이루기 위해 열심히 준비한 사람이었다. 한마디로 비전을 가진 사람이었다.

그러므로 우리는 요셉의 삶을 통해서 '완전'에 대해 새롭게 생각해야 한다. 요셉은 처음부터 완전했던 사람이 아니라, 차츰 성숙하여 세월이 갈수록 꿈과 비전을 통해 온전한 하나님의 사람이 되어 갔다. 우리도 요셉처럼 될 수 있다. 요셉을 빚어가신 하나님이 나의 하나님이라고 분명하게 믿고 확신한다면, 우리도 요셉처럼 꿈을 꾸고 준비된 자가 된다면, 하나님은 우리를 요셉과 동일하게 존귀하고 형통한 사람으로 만드실 것이다.

환경을 뛰어넘는 꿈을 가지라

요셉이 태어나고 자라난 환경은 그다지 좋지 않았다. 그가 자라난 가나안 땅은 세계 4대 문명의 발상지 중 두 곳인 애굽(지금의 이집트)과 메소포타미아 지역의 바벨론 사이에 위치했다. 이런 어정쩡한 지리적 위치로 인해, 그가 속한 부족은 주변 부족, 떠돌이 부족으로 살아야 했다. 그리고 가나안은 사람이 거주할 만큼 좋은 환경이 아니었다. 게다가 이스라엘은 블레셋이 철기를 사용할 때도 청동기를 사용할 만큼 문명이 발달하지 못했다. 그래서 그곳은 하나님의 은혜가 아니면 살 수 없는 곳이라고들 말했다.

요셉은 가정환경 또한 좋지 않았다. 어머니는 요셉이 10살쯤 되었을 때 동생 베냐민을 낳다가 죽었다. 아버지 야곱은 요셉을 특별히 사랑했고, 노골적으로 편애했다. 그리고 요셉에게는 자식에 대한 사랑의 표시로 채색 옷을 입혔는데, 이는 이스라엘 문화에서 볼 때 장자를 삼는다는 뜻이었다. 아버지 야곱의 공평하지 못한 모습 때문에 형제들은 서로 미워할 수밖에 없었다. 남루한 옷을 입고 온종일 들에 나가 일하는 나이 많은 형들과 채색 옷을 입고 장자의 상속을 받게 될 동생 사이가 좋을 수는 없었던 것이다. 그 미움의 정도가 심해져서, 요셉의 형들은 아버지가 유난히 사랑하는 동생 요셉을 죽이려고 하다가 노예로 팔아넘기게 된다.

요셉의 꿈은 이렇게 한 치 앞을 예측하기 어려운 열악한 환경 속에서 시작된 것이다. 어느 가정이든 문제 없는 가정은 하나도 없다. 특히 요셉의 환경에는 심각한 문제들이 많았다. 그러나 요셉은 이러한 열악한 환경 속에서도 꿈을 잃지 않았다. 요셉을 요셉답게 만든 것은 그의 환경이나 상황이 아니라 꿈이었다.

세상을 살아가는 데 있어서 환경은 아주 중요하다. 사람은 성장하는 환경에 따라 성품이나 장래에 많은 영향을 받는다. 그 유명한 '맹모삼천지교(孟母三遷之教)'라는 말도 있지 않은가. 맹자의 어머니가 자식의 장래를 위해 좀 더 좋은 교육 환경을 마련해주었더니 결국 성공하였다는 것이다. 요즘 많은 사람이 미국, 캐나다, 호주, 뉴질랜드 등 영어권 나라로 이민을 간다. 그들 중 대부분은 자녀 교육 때문에 이민을 선택한다. 왜 맹자의 어머니처럼 이사를 하고, 심지어 이민까지 가는가? 사람들의 마음속에 '좋은 환경이 좋은 사람을 만든다'는 생각이 깊게 깔려 있기 때문이다.

그러나 요셉에게는 환경을 초월하는 꿈이 있었다. 요셉은 환경의 영향을 받았지만, 환경의 지배를 받지는 않았다. 그는 환경 때문에 고난을 받았지만, 환경으로 인해 좌절하지는 않았다. 그는 조건을 탓하는 사람이 아니라 조건을 뛰어넘는 사람이었다. 요셉에게 환경은 걸림돌이 아니라 디딤돌이었던 것이다. 환경이나 조건이 우리 인생에서 중요한 것은 틀림없다. 하지만 그것이 우리의 인생과 장래를 결정하지는 않는다. 그렇기 때문에 가장 중요한 것은 환경이나 조건이 아니라 바로 '사람'인 것이다.

모든 사람이 주어진 환경에 지배받는 것은 아니다. 같은 재료를 가지고도, 집을 짓는 사람이 있는가 하면 헛간을 짓는 사람도 있다. 훌륭하게 주어진 환경을 파멸로 이끄는 헤롯 같은 사람이 있는가 하면, 누추한 감옥에서 성경을 기록한 바울 같은 사람도 있다. 신체 장애를 극복한 헬렌 켈러 같은 사람이 있는가 하면, 빼어난 미모로

찬사와 흠모의 대상이 되었음에도 불구하고 자살로 일생을 마친 마릴린 먼로 같은 사람도 있다.

헬렌 켈러는 미국 앨라배마 주 농촌에서 태어났다. 그녀는 생후 6개월 만에 말을 하기 시작한 수재였다고 한다. 그러나 불행하게도 열병을 앓은 후, 듣지도 보지도 말하지도 못하는 불구의 몸이 되었다. 그러나 그녀는 이런 불운을 극복하고 훌륭한 사람으로 성공하였다. 그녀는 불운 속에서도 희망을 버리지 않았고, 꿈이 이뤄지지 않는다고 그 꿈을 포기하지 않았다. 그녀는 다음과 같은 말을 남겼다. "꿈은 사람을 성공으로 이끄는 신앙입니다. 꿈이 없으면 아무 일도 성공할 수 없습니다."

위대한 작곡가 헨델은 50대가 되었을 때, 건강과 생활 형편이 최악의 상태에 이르렀다. 반신불수가 되었고 돈도 다 떨어졌다. 채권자들이 그를 붙잡고 감옥에 가두겠다고 위협했다. 잠시 동안 그는 싸움을 포기하고 싶은 유혹을 받았다. 그러나 다시 용기를 내고 영감을 얻어 인류 역사상 가장 위대하고 웅장한 오라토리오인 〈메시아〉를 작곡했다. 그 유명한 합창곡 〈할렐루야〉는 한적한 외딴 별장이 아닌, 좁고 답답한 감방 속에서 창작된 것이다.

똑같은 상황 속에서도 사람마다 생각하고 느끼는 것이 너무나 다르다. 하나님은 환경을 탓하는 사람을 사용하신 적이 없다는 것을 기억하라. 하나님은 주어진 환경 속에서 그분을 바라고 의지함으로 환경을 뛰어넘으려는 사람을 축복하신다.

당신도 요셉처럼, 비록 어려운 상황에 처해 있을지라도 하나님께서 주시는 큰 꿈을 품고 환경을 뛰어넘기를 바란다.

하나님이 주시는 꿈을 품으라

꿈을 품는 것은 아주 중요하다. 그리고 더욱 중요한 것은 '어떤 꿈과 비전을 가지느냐'이다. 전 세계를 통일하겠다는 히틀러의 야망은 수많은 사람을 전쟁에서 죽게 만들었다. 그렇기 때문에 비전을 갖는 것도 중요하지만, 어떤 비전을 갖느냐가 더욱 중요하다.

요셉은 하나님의 꿈을 가진 사람이었다. 그는 하나님을 위한 꿈, 하나님이 주신 꿈, 그리고 자기 가족의 운명과 미래를 위한 꿈을 가지고 있었다. 자기 자신을 위한 이기적인 욕망이 아니었다. 하나님께는 영광이 되고, 이웃에게는 기쁨이 되고, 자신에게는 축복이 되는, 모두를 살리는 꿈을 꾸었던 것이다.

요셉은 꿈을 통해 하나님의 백성의 운명에 대한 계시를 받았다.

요셉이 꾼 꿈은 두 가지로, 그 꿈 이야기는 창세기 37장 6~9절에 자세히 나온다. 하나는 형제들이 곡식을 묶고 있는데 형제들의 단이 요셉의 단에게 절하는 꿈이었고, 다른 하나는 해와 달과 열한 개의 별이 요셉에게 절하는 꿈이었다.

이 꿈들은 하나님의 계시와 비밀을 담고 있다. 요셉과 그의 형제들은 농사짓는 사람들이 아니었다. 그들은 선조 때부터 목자였고, 어려서부터 목축을 하던 사람들이다. 그런데도 꿈에서 요셉의 형제들이 곡식을 묶고 있었다는 것은 곡식과 관계된 문제로 인해 요셉에게 절을 하게 될 것이라는 것을 뜻한다.

결국 요셉의 형제들은 7년 동안의 대기근을 이기기 위해 요셉에게 찾아가 절하고 양식을 구하게 된다. 하나님이 요셉에게 주신 꿈이 실제로 이루어진 것이다. 그때 놀라는 형제들에게 요셉은 뭐라고 말하는가?

당신들이 나를 이곳에 팔았다고 해서 근심하지 마소서 한탄하지 마소서 하나님이 생명을 구원하시려고 나를 당신들보다 먼저 보내셨나이다 이 땅에 이 년 동안 흉년이 들었으나 아직 오 년은 밭갈이도 못하고 추수도 못할지라 하나님이 큰 구원으로 당신들의 생명을 보존하고 당신들의 후손을 세상에 두시려고 나를 당신들

궁극적으로는 하나님께서 자신의 백성들이 애굽과 팔레스타인을 비롯한 중동 지역의 엄청난 기근을 피하도록 하고, 애굽이라는 풍요로운 곳에서 큰 백성을 이루도록 하기 위해 요셉을 사용하셨다는 것이다. 그러니 요셉의 꿈은 하나님과 하나님의 백성을 위한 꿈이었다. 자신의 출세와 입신양명을 위한 이기적인 꿈이 아니었다. 요셉은 하나님이 주시는 꿈을 품었고, 이 땅의 것만을 위해 살지 않았다.

예수님은 어떻게 사셨는가? 인간을 죄에서 구원하라는 하나님의 뜻과 명령을 따라 순종하면서 사셨다. 어떻게 구원하셨는가? 십자가에서 죽으심으로 우리를 구원하셨다. 그러면 예수 그리스도께서 우리를 위해 죽으신 까닭이 무엇인가? 자신을 위해 살지 말고 하나님과 이웃을 위해 살라는 것이다.

> 그가 모든 사람을 대신하여 죽으심은 살아 있는 자들로 하여금 다시는 그들 자신을 위하여 살지 않고 오직 그들을 대신하여 죽 었다가 다시 살아나신 이를 위하여 살게 하려 함이라(고후 5:15).

> 우리 중에 누구든지 자기를 위하여 사는 자가 없고 자기를 위하 여 죽는 자도 없도다(롬 14:7).

그러므로 예수님을 바로 믿는 건강한 성도라면 자신만을 위한 꿈이 아니라 하나님을 위한 꿈, 이웃을 위한 꿈을 꾸어야 한다. 하나 님 사랑, 이웃 사랑이 성경의 핵심이기에, 우리는 어떻게 하면 하나 님을 더 사랑하고, 구체적으로 이웃을 내 몸과 같이 사랑할 수 있을 지를 고민하며 비전을 실현하는 삶을 살아야 한다.

요셉처럼 하나님이 주신 분량을 따라 하나님과 이웃을 위한 아 름답고 놀라운 꿈을 꾸는 사람이 되게 해달라고 기도하자.

—

육상 선수인 제시 오언즈(Jesse Owens)의 어린 시절, 그 당시 유명했던 찰리 패독이라는 육상 선수가 제시의 학교에 찾아가 어린이들에게 말했다. "너희는 어떤 사람이 되길 원하니? 목표를 정하고, 하나님께서 그것을 이루는 데 도움을 주실 거라고 믿어보렴."

제시는 그의 영웅 찰리 패독의 말에 감동받아 자신의 코치를 찾아가서 이렇게 말했다.

"코치님, 꿈이 생겼어요!"

코치는 바짝 여윈 어린 흑인 소년 제시를 내려다보며 말했다.

"그래? 네 꿈이 뭐니?"

"저는 살아 있는 사람 중에서 가장 빠른 찰리 패독 선수처럼 되고 싶어요."

"제시야, 꿈을 가지는 것은 훌륭하지만 그것을 이루려면 꿈에다 사닥다리를 놓아야 해. 사닥다리의 첫 번째 단은 인내, 두 번째 단은 헌신, 세 번째 단은 훈련, 네 번째 단은 태도란다. 잘 기억하렴."

그 후 자신의 꿈을 결코 포기하지 않겠다는 결단을 하고 꿈의 사닥다리에 발을 올려놓은 제시는 마침내 100미터와 200미터 달리기에서 세계 최고의 기록을 세웠고, 올림픽 경기에서 네 개의 금메달을 땄다. 또한 그의 이름은 '미국 체육 명예의 전당'에 새겨지게 되었다. 이 모든 것이 이루어질 수 있었던 것은 제시가 꿈을 품고, 성공으로 가는 사닥다리에 기꺼이 오르려고 했기 때문이다. 제시라는 작은 아이의 인생은 그의 꿈으로부터 출발했던 것이다.

위의 말씀을 보면, 요셉의 이야기는 그가 17살이던 때부터 기록된다. 왜 그럴까? 그가 태어나서 17살이 되기까지 많은 사건과 이야기가 있었을 텐데 왜 성경은 지난 16년 동안의 이야기를 보여주지 않는 것일까? 그것은 요셉이 하나님이 주신 꿈을 꾼 것이 17살 되던 해이기 때문이다. 즉, 성경은 요셉이 하나님의 꿈을 받는 순간부터 주목한다. 다시 말해, 요셉의 인생은 그가 꿈을 꾼 17살부터 시작한다고 볼 수 있다.

우리의 인생도 그렇다. 인생은 꿈으로 시작되는 것이다. 그렇기 때문에 꿈이 없다면 나이와 상관없이 그 인생은 아직 시작도 하지 않은 것이다. 꿈이 없다면 살아 있어도 살아 있다고 말할 수 없는 인생이다. 나이가 중요한 것이 아니다. 아브라함은 75살에, 모세는 80살에 하나님의 부르심을 받았다. 갈렙은 85살에 "이 산지를 내게 주소서!"라고 했다. 이들은 나이를 초월했다. 하나님을 향한 비전이 있었기 때문이다. 하나님이 주신 꿈이 있었기 때문이다.

당신도 요셉이나 아브라함, 모세, 갈렙과 같이 하나님께 쓰임받는 복되고 귀한 인생을 위한 거룩한 열정을 가지기 바란다. 환경에 지배당하여 늘 환경 탓만 하는 고단한 인생이 아니라, 요셉처럼 인생의 한계를 뛰어넘는 하나님의 사람으로 살겠다고 결단하라. 자신의 목숨을 위해 겨우 먹을 것과 마실 것과 입을 것만을 고민하는 땅에 속한 사람이 아니라, 요셉처럼 하나님께는 영광을, 이웃에게는 평화를 주는 큰 꿈을 품는 하나님의 사람이 되자. 요셉의 인생은 태어나면서부터가 아니라 하나님의 꿈을 꾼 시점부터 시작되었다는 사실을 기억하라.

선교사 토머스 케리(Thomas. S. Kerry)는 유명해지기 전에 이런 말을 했다. "내 생애를 하나의 기적으로 바꾸어놓겠다. 위대한 사람이란 따로 없다. 단지 위대한 꿈이 있을 뿐이다." 꿈이 있어야 위대해지고, 꿈이 있어야 믿음이 자란다.

꿈이 없는 사람은 절망하거나 타락하고 만다. 잠언 29장 18절에 "묵시가 없으면 백성이 방자히 행하거니와"라는 말씀이 나온다. 이 말씀을 70인역 성서에서는 '꿈이 없는 백성은 망하거니와'로 번역한다.

참된 믿음은 꿈이 다 이루어진 것같이 믿고 그 장면을 상상하며 나아가는 것이다. 축복을 하면 축복이 이루어진 것으로 믿는 것이 참 믿음이다.

하나님이 주신 꿈을 꾸고, 새로운 인생으로 거듭 태어나는 사람이 되자.

비전을 세우기 위한 원리

⭐ 환경을 뛰어넘는 꿈을 가지라

요셉에게는 환경을 초월하는 꿈이 있었다. 요셉은 환경의 영향을 받았지만, 환경의 지배를 받지는 않았다. 그는 환경 때문에 고난을 받았지만, 환경으로 인해 좌절하지는 않았다. 그는 조건을 탓하는 사람이 아니라, 조건을 뛰어넘는 사람이었다. 환경이나 조건이 우리 인생에서 중요한 것은 틀림없다. 하지만 그것이 우리의 인생과 장래를 결정하지는 않는다. 가장 중요한 것은 환경이나 조건이 아니라 바로 '사람'인 것이다.

⭐ 하나님이 주시는 꿈을 품으라

비전을 갖는 것도 중요하지만, 어떤 비전을 갖느냐가 더욱 중요하다. 요셉은 하나님의 꿈을 가진 사람이었다. 그는 하나님을 위한 꿈, 하나님이 주신 꿈, 그리고 자기 가족의 운명과 미래를 위한 꿈을 가지고 있었다. 자기 자신을 위한 이기적인 욕망이 아니었다. 하나님께는 영광이 되고, 이웃에게는 기쁨이 되고, 자신에게는 축복이 되는, 모두를 살리는 꿈을 꾸었던 것이다.

⭐ 인생은 꿈으로 시작된다는 것을 기억하라

인생은 꿈으로 시작되는 것이다. 그렇기 때문에 꿈이 없다면 나이와 상관없이 그 인생은 아직 시작도 하지 않은 것이다. 나이가 중요한 것이 아니다. 요셉의 인생은 태어나면서부터가 아니라 하나님의 꿈을 꾼 시점부터 시작되었다는 사실을 기억하자. 하나님이 주신 꿈을 꾸고, 새로운 인생으로 거듭 태어나는 사람이 되자.

삶을 지배하는 거대한 힘 가운데 하나는 뚜렷한 목적을 갖는 것이다.

엘리자베스 스튜어트 펠프스

2장

비전, 내 삶의 원동력

인간은 무엇인가를 위해 살고 무엇인가를 위해 죽는 존재이다. 충성하고 헌신할 수 있는 대상이나 목표를 갖지 못하면 허무주의자가 되고, 생의 행복감을 느낄 수가 없다. 자신의 생명과 정열을 다 바칠 수 있는 목표나 신념을 가질 때 우리는 생의 충실감과 삶의 보람을 느낄 수 있다.

스프링 벅이라는 산양은 보통 30마리 정도로 작은 무리를 지어 살지만 어느 날 한곳에 속속 모여 수천 마리나 되는 큰 집단을 이룰 때가 있다. 그러고 나면 우두머리 양이 앞장서서 천천히 걷기 시작한다. 그러면 다른 양들은 몸을 맞대고 그 뒤를 따르며 도중에 있는 풀을 모조리 먹어 치운다. 이기심이 많은 산양은 앞으로 파고 들어가 풀을 더 먹으려고 하지만, 맹수의 습격이 두려워 결코 대열을 떠나 옆에 있는 풀을 먹으려고 하지는 않는다. 제각기 자기를 보호하면서 풀을 듬뿍 먹으려고 하다 보니, 얼마 후에는 친구들을 마구 떠밀면서 점점 빠르게 전진하게 된다. 뒤따르는 양들의 걸음이 점점 빨라지기 때문에 앞에서 인도하는 우두머리 양은 자연히 뛰게 되고, 인도자가 뛰니까 뒤에서도 늦을세라 더욱 힘을 다해 뛴다. 결국 모두가 전속력으로 뛰게 된다. 그러다 보면 이동의 목적을 완전히 잊은 채 아무 생각 없이 그저 앞으로만 돌진한다. 모래 먼지를 날리며 질주하는 양 떼는 어느새 사막을 건너 해안에 이른다. 그러나 앞선 양은 멈출 수가 없다. 뒤에서 밀어닥치는 무서운 힘에 밀려, 냇물이 바다로 흘러내리듯 양 떼는 바다로 밀려 들어간다. 얼마 후 바닷가는 가련한 양들의 시체로 메워진다.

이러한 '죽음의 행진'은 우리 인생과도 닮아 있다. 많은 사람이 낙오자가 되면 안 된다고 생각하며 자신의 안전을 지키려는 데 필사적이다. 하지만 질주의 목적과 목표가 분명하지 않은 채, 결국은 죽음의 길로 열심히 달려가는 것이다. 당신은 지금 어디로 가고 있는가?

하나님이 주시는
참된 목표를 붙들라

—

심리학자 말츠 박사는 그의 저서에서 "인간은 목표를 추구하는 존재"라고 말했다. 만일 인간이 삶의 목표를 상실하면 심리적, 육체적, 사회적으로 와해되어 죽어버린다는 것이다. 종종 젊은 사람들이 사업에 크게 성공해서 더 이상 일할 필요를 느끼지 않아 일찍 은퇴하였다가, 불치병에 걸려 죽게 되는 경우가 있다. 그 이유도 이와 비슷하다. 그들이 매일의 삶에서 분명한 목표를 잃어버리고 '어제의 사람'으로 전락해갔기 때문이다. 삶의 목표를 잃어버리면 육체의 모든 기관이 더 이상 살 필요를 느끼지 못하고 스스로 퇴화하기 때문에 결국 죽게 된다는 것이다.

삶의 분명한 목표를 가지고 있지 아니하면 우리는 모두 어제의 사람으로 전락하고 만다. '어제의 사람'이란 육체적인 나이가 많은 사람을 말하는 것이 아니다. 이 땅에 살고 있으면서 삶의 목표를 잃어버리고 '바람 부는 대로, 물결치는 대로 시류에 따라 이리저리 요동하면서 살아가는 사람'이 바로 어제의 사람인 것이다. 이러한 사람은 이미 심리적으로나 사회적으로 죽어가는 존재이다.

'내일의 사람'이 되어 하나님과 함께 창조적으로 생산적인 삶에 참여하기 위해서는 삶의 분명한 목표를 의식하고 그것을 힘차게 추구해나가야 한다. 오늘날 수없이 많은 사람이 가정적, 개인적, 사회적, 혹은 국가적으로 실패하는 까닭은 인생을 아무런 계획 없이 살아가려고 하기 때문이다. 삶의 목표를 분명히 설정하고 그 목표를 향하여 전진하는 사람은 늙지 않는다. 이러한 사람에게는 항상 하나님의 성령이 함께하셔서 지혜와 창조의 능력을 갖게 된다. 그러나 삶의 목표가 정해졌어도 그것이 하나님을 떠난 것이라면 그 목표는 우매하고 허탄한 것에 불과하다.

과거 러시아의 수도인 상트페테르부르크에 아카키에비치라는 노인이 살고 있었다. 사람들이 그 노인에게 "당신의 평생 소원이 무엇입니까?"라고 물으면 그는 조금도 주저하지 않고 매번 이렇게 대답했다. "내 인생의 목표는 최고급 외투를 갖는 것이오." 그 노인은 인생의 목표를 달성하기 위하여 평생 일하고 저축했다. 그리고 드디어 80루블의 돈을 저축하여 꿈에 그리던 외투를 샀다. 그날은 노인에게는 성공한 날이자 목적을 이룬 날이었기에 큰 기대감과 흥분된 마음으로 가득 찼다.

그러나 안타깝게도 그는 외투를 사가지고 집으로 돌아오다가 그만 강도를 만나서 그 고급 외투를 강탈당했다. 노인은 매우 절망했다. 단순히 고급 외투만 빼앗긴 것이 아니라 성공과 행복도 강탈당한 것이었다. 그날 이후 노인은 좌절의 늪에 빠졌고 너무 속상한 나머지 시름시름 앓다가 죽고 말았다.

앞의 내용은 고골리라는 사람이 쓴 단편소설 《외투》에 나오는 이야기다. 우리와는 거리가 먼 이야기 같은가? 하지만 고급 외투가 아니더라도 좋은 아파트, 고급 승용차, 높은 사회적 지위 등 소유에서 인생의 행복을 찾는 사람들이 많이 있다. 심리학자 에리히 프롬은 "소유에는 행복이 없다. 행복은 존재에 있다"고 말했다. 소유가 결코 우리에게 행복을 가져다주지 못하는데도 우리는 계속 속고 사는 것이다.

1991년, 한국탐험대가 북극을 정복했다. 1827년 영국의 윌리엄 페리가 처음으로 북극 정복 도전에 실패한 이후 1991년까지 65개 팀이 도전하였지만 성공한 팀은 17개 팀에 불과하였다. 한국 팀은 북극 정복 도전에 성공한 열여덟 번째 팀이 되었고, 국가로는 열한 번 째였다. 그 자체만으로도 대단한 일이었다. 그런데 당시 탐험대장이었던 최종열 씨는 어느 일간지를 통해, 북극점을 정복하던 순간의 감회를 다음과 같이 피력했다.

1991년 5월 7일 새벽 1시 정각, 내가 지구 제1의 극지인 북극점에 서는 순간 느낀 것은 허무감과 허탈감뿐이었다. 내가 무엇 때문

목적을 향해 마냥 달려갈 때는 모르지만 실상 큰 업적을 이루었
다고 그저 즐겁기만 한 것도 아니다. 오히려 남보다 더 큰 목적이나
업적을 달성할수록 그로 인해 더 큰 허무감과 허탈감에 빠질 수 있
음을 알아야 한다.

물론 업적이 될 만한 큰일을 이루고 나면 큰 보람이 있다. 그러한
경험은 돈 주고도 살 수 없는 값진 재산이 되기도 한다. 그러나 세
계에서 열여덟 번째로 북극을 정복하는 쾌거를 이루는 순간 허무
감과 허탈감을 가장 먼저 느꼈다는 북극 탐험대장의 고백은 우리
에게 많은 것을 시사해준다. 다람쥐 쳇바퀴 돌듯이 반복적인 일상
을 보내더라도, 하나님이 주시는 삶의 목적을 붙잡고 산다면 허탈
감을 느끼지 않을 것이다. 뿐만 아니라 하나님 안에서 하나씩 목표
를 성취해나갈 때 위대한 일을 해낸 것 못지않게 큰 즐거움을 느낄
것이다.

세상의 논리에 맞서 당당히 신앙을 고백하라

—

예수께서 빌립보 가이사랴 지방에 이르러 제자들에게 물어 이르시되 사람들이 인자를 누구라 하느냐 이르되 더러는 세례 요한, 더러는 엘리야, 어떤 이는 예레미야나 선지자 중의 하나라 하나이다 이르시되 너희는 나를 누구라 하느냐 시몬 베드로가 대답하여 이르되 주는 그리스도시요 살아 계신 하나님의 아들이시니이다(마 16:13~16).

위 말씀을 통해, 허탈감이 없는 인생 목적을 이루기 위한 한 가지 방법을 생각해보려고 한다. 소설을 읽다 보면 사건이 반전되는 곳이 있다. 예수님 생애를 세 부분으로 나누면 어린 시절과 공생애 시절, 그리고 공생애 시절 중에서도 수난 시절로 나눌 수 있다. 이 수난 시절은 예루살렘에 입성하면서 시작되는데, 예루살렘 입성 전에 수난이 예고된다고 해서 마태복음 16장을 전환의 장이라고 말하기도 한다. 그런데 "주는 살아 계신 하나님의 아들이십니다"라고 처음 선언하는 곳이 가이사랴 빌립보였다는 것이 흥미롭다.

흔히 '단에서 브엘세바까지'라는 말을 들어봤을 것이다. 브엘세

바는 최남단으로 예루살렘에서 1시간 거리이고, 단은 최북단으로 가이사랴 빌립보에서 1시간 거리도 안 되는 가까운 곳이다. 즉, 가이사랴 빌립보는 예루살렘과는 정반대 쪽에 위치한 곳이다.

예수님께서 이 세상에 오신 최대의 목적은 십자가를 이루는 것, 즉 고통의 죽음, 부활, 승천, 그리고 재림이다. 이를 위해 그분이 가셔야 할 곳은 예루살렘이다. 그런데 예수님은 예루살렘과 정반대 되는 가이사랴 빌립보가 있는 북쪽으로 이동하셨다. 그렇다면 가이사랴 빌립보는 어떤 곳인가? 그곳은 예수님이 예루살렘에서 이루어질 일들을 예고하고, 하늘의 엘리야와 모세와 이야기를 잠시 나눴던 변화산이 있는 곳이다. 예수님이 하늘의 영광을 바라보며 그 영광을 잠시 버리기로 작심하고 확인하신 곳이었다. 예수님 자신의 생애 목표에 대해 확인한 장소가 바로 그곳인 것이다.

가이사랴 빌립보는 헬몬 산 정상의 만년설이 올려다 보이는 345미터 지점에 위치한 지역이기 때문에 이곳으로 들어가는 시냇물은 발을 담가놓을 수 없을 정도로 차갑다. 계곡물을 따라 올라가다 보면, 엄청나게 거대한 신상이 세워졌던 것으로 판단되는 신전이 나오고, 신상들을 모신 거대한 동굴도 보인다. 한마디로 가이샤라 빌립보는 우상들의 집결지요, 거대한 우상들의 본부였다. 신전과 신상들의 거대한 위용에 누구든 이곳에 가면 기가 죽는다고 한다.

가이사랴 빌립보란 이름은 당시 분봉왕이던 헤롯 대왕의 아들 빌립이 이 도시를 건설하면서 로마 카이사르 왕의 이름에 자기 이름을 붙여 지은 것이다.

그런데 당시 로마 제국에 속한 영토 내에서는 아무 도시에나 왕의 이름을 붙일 수 없었다. 그러기 위해서는 반드시 두 가지 조건이 충족되어야 했다.

첫째, 로마 황제의 위용에 걸맞은 규모를 갖추어야 했고 둘째, 그 도시의 중심 혹은 가장 높은 곳에 있는 황제를 위한 신전에 로마인이 섬기는 신상을 만들어야 했다. 당시 로마 황제는 지상의 신이었다. 명목상의 신이 아니라 신전에서 인간의 경배를 받는 실질적인 신으로 군림하고 있었다. 그러므로 가이사랴 빌립보는 한마디로 황제의 신전이 인간을 압도하는 거대한 황제의 도시, 게다가 모든 새로운 문물이 오고가는 도시, 당시의 모든 유행이 시작되는 도시였다.

이런 도시에 예수님의 일행이 나타난 것이다. 이 도시 사람들에 비하면 갈릴리 출신 어부인 예수님의 제자들은 마치 거지처럼 옷을 입은 남루한 촌뜨기들이었다. 화려하고 우상들이 득실거리는 도시 한복판에서, 그토록 초라해 보이는 제자들에게 주님이 이렇게 물으신다. "세상 사람들이 나를 누구라 하더냐?"

당시 로마가 추구하고 자랑하는 것이 세 가지 있었는데 첫째는 권력, 군사력, 경제력 등의 힘이었다. 이 힘을 과시하기 위해 건물을 지을 때는 언제나 웅장한 석재나 대리석을 동원하였다. 둘째는 지식이었다. 그들은 자신들의 높은 학식을 자랑하기 위해 도시마다 대형도서관을 건립하였는데 터키 에베소의 두란노서원도 이중 하나이다. 셋째가 인간 육체의 아름다움을 표현하는 것이었다. 이탈리아에 가면 우람한 근육의 남자 조각상, 아름다운 몸매의 여인상이 많이 있다. 이렇듯 힘, 지식, 아름다운 육체 등을 황제의 논리라 부를 수 있다.

이러한 논리가 지배하는 도시에서 예수님이 제자들에게 질문하신다. "세상 사람들이 나를 누구라 하더냐?" 이것은 조용한 기도원이나, 은혜가 충만한 거룩한 성전 같은 곳에서 질문한 것이 아니다. 황제의 신전이 있고 세상의 새로운 문물들로 요란하며, 세상의 가장 비싸다고 하는 패션과 유행이 있는 바로 그곳에서 던져진 질문이었다. 그리고 예수님은 이어서 질문하신다. "너희는 나를 누구라 하느냐?" 이 질문에 베드로가 주저 없이 대답한다. "주는 그리스도시요 살아 계신 하나님의 아들이시니이다." 권력, 지식, 인간의 본능을 충족시키고 육체의 아름다움을 만족시키는 쾌락을 대표하는, 유럽을 제패한 로마 황제가 아니라, 비록 초라하고 걸인 같은 몰골

일망정 나사렛 예수 당신이 바로 인간을 구원하실 그리스도라고 고백한 것이다.

이 고백은 아무도 없는 곳에서 드려진 것이 아니다. 온갖 세상의 풍조가 난무하는 곳에서 인간을 압도하며 황제의 논리가 우선시되는 황제의 도시에서 주님께 드려진 고백이다. 그러한 고백이기에 예수님은 베드로의 고백 위에 교회를 세우리라는 칭찬을 아끼지 않으셨다.

우리는 베드로의 고백을 통해 우리 삶의 목적이 어디에서, 어디로, 어떻게 나아가야 할지를 발견할 수 있다. 아무리 초라해 보이는 길일지라도 세상의 기준이 아닌 주님의 기준을 따르는 것이다. 참된 인생의 목표는 이처럼 세상의 현실 속에서도 당당하게 고백되는 것이다.

아무리 부잣집 개보다 못 먹으며 영양실조로 죽어간다 할지라도 사람은 사람이다. 마찬가지로, 아무리 초라해 보일지라도 하나님의 아들은 하나님이다. 베드로는 주변의 환경에 구애받지 않고 이 사실을 고백했다. 인생의 목표를 정확히 알고 있었던 것이다. 이처럼 확실한 인생의 목표가 있었기에 그는 예수님을 부인한 후에 그것으로 인생을 포기하거나 유다처럼 자살하지 않고 진심으로 회개했다. 그리고 다시 힘을 얻어 복음 전파에 진력했고 거룩하게 순교

하는 참 제자의 모습을 보였다. 인생의 목표가 확실하면 중간에 넘어져도 다시 일어나 성공할 수 있다.

예수님을 만난 사람은 창녀든 세리든 거지든 자신의 길을 차근차근 걸어갈 줄 안다. 푯대가 있고 목표가 있기 때문이다.

아서 밀러의 희곡 〈어느 세일즈맨의 죽음〉에서 주인공으로 나오는 윌리 로만은 삶의 목표가 장사를 크게 하는 것, 모든 사람이 자신을 좋아하게 만드는 것, 자식들이 자기 발자취를 따라오게 하는 것이었다. 그러나 이러한 그의 꿈은 하나씩 깨지게 된다. 먼저 직장을 잃게 되었고, 다음에는 매우 실망스럽게도 자식들을 하나같이 믿지 못하게 되었다. 윌리는 마침내 절망에 빠져 자살한다. 이 희곡은 그의 무덤가에서 한 아들이 하는 말로 끝난다. "아버지는 잘못된 꿈을 가졌습니다. 그분은 자신이 누군지 끝까지 몰랐습니다."

잘못된 삶의 목표, 헛된 꿈들은 삶을 절망으로 이끈다. 우리의 모든 수고가 우리를 지으신 하나님과 무관하다면, 다 헛되고 무익한 것이다. 그리스도인은 세상 사람처럼 헛되고 무익한 것을 좇는 어리석음을 범치 말고, 세월을 아껴 하나님께 영광 돌리는 삶을 살아야 한다. 우리가 달려가야 할 최종 목표는 오직 하나님이다. 하나님께만 소망을 두고 살아야 한다. 사도 바울은 그리스도 예수를 아는 지식을 얻은 후 지금까지 세상에서 최고로 생각했던 가치와 지식을 해(害)로 여기고 배설물처럼 여겼다. 우리도 세상 사람들이 바라는 것들을 다 해로 여기고 배설물처럼 여겨야 삶의 전환점을 맞을 수 있다.

당신을 지배하고 있는 논리는 무엇인가? 무엇을 추구하는가? 무엇 때문에, 무엇을 향해 움직이려고 하는가? 무엇을 가장 사랑하는가? 만약 이 질문에 힘과 권력과 인간의 아름다움과 세상 풍조라고 대답한다면, 다시 한 번 생각해봐야 한다. 만약 그런 것들을 목표로 삼고 이루기 위해 애쓴다면 설령 그 목표를 달성할지라도 허탈감만 남을 뿐이다.

우리도 베드로처럼 고백할 수 있어야 한다. 황제의 전당에서 황제의 가치관을 뒤로하고 '주님이 구원자이십니다. 주님만이 최고이십니다'라고 말한 베드로의 고백을 기억하자. 세상의 논리를 따르지 않는 사람들이 바로 그리스도인이다.

최대, 최고만을 중요하게 여기며 무조건 다른 사람보다 앞서야 한다고 생각하는 세상의 논리 앞에서 당당하게 자신의 신앙을 고백하라. 그 고백이 곧 인생의 목표가 될 것이다. 수단과 방법을 가리지 않고 목표를 달성해야 하는 성공제일주의, 인간의 인격과 지식의 척도마저 돈으로 가늠하는 황금만능주의를 따르지 않고, 당신도 베드로처럼 오직 길이요 생명이요 진리 되신 주님의 말씀만 따르겠다고 고백할 수 있기를 바란다.

이 세상의 화려함과 약육강식의 논리 속에서 당당하고 떳떳하게 그리스도에 대한 신앙고백을 분명히 하자. 인생의 목표를 확실히 정하고 참된 성공의 삶을 살아가는 사람이 되자.

비전을 세우기 위한 원리

⭐ 하나님이 주시는 참된 목표를 붙들라

'내일의 사람'이란 이 땅에서의 삶에 분명한 목표를 가진 사람이다. 오늘날 수많은 사람이 개인적으로나 사회적으로 실패하는 까닭은 인생을 아무런 계획 없이, 삶의 목표를 잃어버린 채 '어제의 사람'으로 살아가기 때문이다. 삶의 목표를 분명히 설정하고 그 목표를 향하여 전진하는 사람은 늙지 않는다. 이러한 사람에게는 항상 하나님의 성령이 함께하셔서 지혜와 창조의 능력을 갖게 된다. 그러나 삶의 목표가 정해졌어도 그 삶의 목표가 하나님을 떠난 것이라면 모두가 우매하고 허탄한 것에 불과하다. 하나님이 주시는 참된 목표를 붙잡고 내일의 사람으로 살아가자.

⭐ 세상의 논리에 맞서 당당히 신앙을 고백하라

황제의 전당에서 황제의 가치관을 뒤로하고 '주님이 구원자이십니다. 주님만이 최고이십니다'라고 말한 베드로의 고백을 기억하자. 당신도 베드로처럼 오직 길이요 생명이요 진리 되신 주님의 말씀만 따르겠다고 고백할 수 있기를 바란다. 세상의 논리를 따르지 않는 사람들이 바로 그리스도인이다. 최대, 최고만을 중요하게 여기며 무조건 다른 사람보다 앞서야 한다고 생각하는 세상의 거대주의, 제일주의 앞에서 당당하게 자신의 신앙을 고백하라. 그 고백이 곧 당신 인생의 목표가 된다. 인생의 목표를 확실히 정하고 참된 성공의 삶을 살아가는 사람이 되자.

인간이 가장 큰 스트레스를 받는 것은 어려울 때가 아니라 희망이 없을 때다.

술로모 브리즈니츠

3장

희망은 생명이다

한때 스페인령에 속해 있었던 도시 리스본, 지금은 포르투갈의 수도가 되어 있다.

이 항구 도시의 해안이 끝나는 곳에 큰 바위가 하나 있는데 이 바위에는 다음과 같은 말이 쓰여 있다고 한다. "이제는 끝입니다. 이 너머에는 아무것도 없습니다."

그런데 1492년에 한 사람이 이 항구에서 일단의 무리와 함께 자그마한 배에 오르면서 이렇게 외쳤다. "이 바위에 새겨진 글은 사실이 아닙니다. 여기는 끝이 아닙니다. 이 너머에는 위대한 희망의 세계가 있습니다." 이 사람의 이름은 바로 크리스토퍼 콜럼버스다.

15세기 말 유럽 남부에는 두 차례에 걸쳐 커다란 지진이 일어났고, 콜레라와 페스트가 휩쓸고 다녔다. 그리하여 사람들은 깊은 절망 속에 주저앉았다. 그러나 이때 절망을 거부하고 희망의 항해를 시작한 사람이 바로 콜럼버스다. 그리고 마침내 그는 신대륙을 발견할 수 있었다.

사람은 누구나 내일에 대한 희망을 가지고 살아간다. 인생을 갓 시작한 어린아이에서부터 산전수전 다 겪은 노인에 이르기까지 모두가 저마다의 희망을 가지고 있다. 그리고 곧 인생을 마감해야 할 사람들조차 희망을 가지고 있다. 사람이 가장 견디기 힘든 고통이 있다면 그것은 희망을 잃어버리는 것이다. 내일에 대한 희망, 미래에 대한 희망이 없다면 오늘을 사는 것 자체가 고통스럽고 무의미할 것이다. 어떻게 보면 희망을 잃는다는 것은 죽음보다 더 무서운 것이다. 그래서 덴마크의 실존철학자 키르케고르는 절망을 '죽음에 이르는 병'이라 불렀다. 희망을 잃어버리면 살았으나 살았다고 보기 어렵다는 뜻이다. 이미 죽은 것이나 마찬가지이고 결국 죽게 될 것이라는 의미다.

빅토르 프랭클이라는 유대인 정신의학자가 있었다. 그는 지옥과 같은 제2차 세계대전의 유대인 수용소 생활을 체험했던 사람으로, 처절했던 수용소 생활을 《밤과 안개》라는 제목의 수기로 엮어 출판했다. 그 내용 중에 끝까지 수용소 생활을 견디고 살아남은 한 소녀의 이야기가 기록되어 있다. 대부분의 유대인이 추위와 굶주림 때문에 힘겹게 하루하루를 버티고 있었다. 같은 방 사람이 가스실로 끌려가 돌아오지 않는 날은 죽음에 대한 두려움과 싸워야 했다. 그러나 가장 견디기 힘든 것은 그들에게 아무런 희망이 남아 있지 않다는 사실이었다. 그래서 대부분의 사람의 얼굴에는 생기가 사라졌다. 그런데 한 소녀만은 달랐다. 이 소녀의 얼굴에는 아직 생기가 남아 있었다. 프랭클은 그 이유를 발견했다. 바로 거울이었다. 이 소녀는 매일 거울을 들여다보았다. 그리고 아무도 하지 않는 세수를 혼자만 했다. 프랭클이 물었다. "세수는 왜 하니?" 소녀가 대답했다. "이곳에 올 때 피터와 다시 만나자고 약속했거든요. 오늘 그 약속이 이루어질지도 모르잖아요. 그래서 세수를 하는 거예요." 프랭클은 이렇게 결론을 내렸다. 이 소녀는 사랑하는 사람을 만날 희망을 잃지 않았고, 그 희망이 혹독한 유대인 수용소 생활을 이겨내게 했다고.

우리에게 가장 무서운 일은 희망을 잃는 것이다. 희망이 삶을 지탱시켜준다. 희망을 잃으면 모든 것을 다 잃어버리는 것이다.

베드로전서는 사도 베드로가 소아시아 교회들에 보낸 첫 번째 편지이다. 견디기 힘든 박해와 고난을 겪고 있던 소아시아 교회를 위로하고 격려하기 위해 보낸 편지이다.

주후 64년, 네로 황제는 자기의 꿈을 이루기 위해 로마 시를 불태우고 그 죄를 그리스도인들에게 뒤집어씌웠다. 그러고는 로마에 있는 그리스도인들에게 모진 박해를 가했다. 그리스도인들은 예수님을 믿는다는 이유만으로 로마의 원형 경기장으로 끌려가서 사자밥이 되어야 했다. 네로 황제는 내친 김에 로마 제국 전역에 흩어져 있는 그리스도인들을 박해하기 시작했다. 그리하여 대부분의 그리스도인은 로마를 떠나 소아시아로 갔다. 그러나 그곳에도 역시 박해의 손길이 기다리고 있어서 그들은 바위굴 속에 피신하여 새로운 삶을 도모했다. 그들의 앞날은 이제 어떻게 되는 것인가? 기대거나 믿을 만한 것이 없었다. 소아시아 교회에 절망이 스며들고 있었다.

이런 소식을 전해 들은 베드로는 소아시아 교회 교인들을 붙잡아 위로하고 격려해줘야겠다고 느꼈다. 그래서 붓을 들고 편지를 쓰게 된 것이다. 베드로가 이 편지에서 가장 힘주어 강조했던 말이 '소망'이다. 즉 어떤 경우에도 희망을 잃지 말라는 뜻에서 소망이란 말을 많이 썼고, 가장 중요한 주제로 다루었다.

그런데 베드로전서 1장 3절을 보면 소망도 보통 소망이 아니라 '산 소망'이라 말씀하고 있다. 산 소망이란 말은 '살아 있는 소망'이란 말이다. 다시 말하면 베드로 사도는 모든 것을 포기하고 흩어졌던 당시의 그리스도인들에게 아직도 희망을 갖고 살아야 할 이유가 있다고 설득하는 것이다. 그렇다면 살아 있는 소망이란 무엇을 뜻하는 것인가?

주변 상황에 영향받지 말자

우선 '살아 있는 소망'이란 지금 벌어지고 있는 주변 상황과 분위기에 영향을 받지 않는 것을 말한다. 요즘이야 운송 수단이 발달해서 서울에서도 싱싱한 해산물을 쉽게 먹을 수 있지만, 예전에는 생각할 수도 없는 일이었다. 그래서 옛날에 사람들이 주로 먹는 해산물은 굴비나 명태, 마른 오징어, 각종 포 등 햇볕에 말린 것들이었다. 그 다음으로 많이 먹었던 것이 소금에 절인 것이었다. 소위 자반이라는 것이다. 그런데 바닷물 속에 사는 생선이 바닷물에 절여진다는 것이 재미있지 않은가? 살아 있는 생선은 소금물인 바닷물 속에 살 때는 절대로 절여지지 않는다. 그러나 일단 죽으면 바닷물에 절여진다. 바닷물이 피부 깊숙이 스며들어서 살을 절여놓는다.

마찬가지다. 어린아이들이 대통령이 되겠다고 야무진 꿈을 꾼다. 그런데 초등학교에 가고, 중학교에 가면 소위 주제 파악을 하게 된다. 대통령은 어떤 사람이 되는 것이고, 어떻게 해야만 대통령이 될 수 있다는 것을 알게 된다. 그렇게 되면 '장관이라도 해야지, 별이라도 달아봐야지!' 하고 슬며시 한 단계 낮춘다. 조금 더 커서 사회 돌아가는 분위기를 파악하고 나면 아무 데나 취직이라도 하면 좋겠다고 한참을 물러서게 된다. 바닷물이 생선을 절이듯이 분위기와 상황에 따라 절여지는 것이다. 이런 꿈이 바로 죽은 꿈이다. 그러나 살아 있는 소망은 아무리 세월이 흘러도 변하지 않는다. 어떤 상황이 닥쳐도 흔들리지 않는다. 또한 살아 있는 소망에는 주어진 환경, 세상 풍조를 꿋꿋이 이겨내는 힘이 있다. 불가능해 보이는 상황이나 여건과 맞서 싸운다. 물러서지 않는다. 포기하지 않는다.

몇 년 전 시화호 주변 해변에 수천 마리의 물고기가 죽어서 수면 위로 떠올랐던 적이 있다. 비 오는 날을 틈타서 공장들이 오수, 폐수를 일시에 방류하여 생긴 일이었다. 아랫배를 허옇게 드러내고 드러누운 죽은 고기들은 물결에 따라 이리저리 떠다녔다. 그러나 이 물고기들이 살아 있을 때는 자유자재로 물속을 누비고 다닌다. 파도가 아무리 거세게 해변으로 몰아쳐도 살아 있는 물고기들은 물살 때문에 해변으로 밀려가지 않는다. 거센 물살도 헤치고 나간다.

마찬가지다. 사람들이 꿈을 꾸고 희망을 갖다가도 넘어서기 힘든 장애물이 나타나면 쉽게 포기하고 그 희망을 꺾어버린다. 철없을 때 꾸어본 일장춘몽으로 치부해버린다. 없던 일로 접어버린다. 이렇듯 거센 도전과 난관이 앞을 가로막을 때 쉽게 포기하고 물러서는 희망은 죽은 희망이다. 그러나 거센 도전 앞에서 물러서거나 포기하지 않고 더 높이 희망의 돛을 올리는 것은 살아 있는 소망, 곧 산 소망이다. 베드로전서 1장 3~7절에서 베드로는 소아시아 교회들을 향해 이런 산 소망을 가지라고 권면한다. 아무리 네로 황제의 박해가 거세게 밀려온다고 해도 포기하지 말고, 물러서지 말고 희망을 버리지 말라고 권고한다.

사회가 아무리 혼란하다 할지라도, 경제적인 여러 어려움이 우리 앞에 있다 할지라도, 우리는 산 소망을 가지고 살아야 한다. 그러면 우리가 산 소망을 가질 수 있는 이유는 무엇인가? 이 소망은 주님께서 주신 것이기 때문이다.

우리 주 예수 그리스도의 아버지 하나님을 찬송하리로다 그의 많으신 긍휼대로 예수 그리스도를 죽은 자 가운데서 부활하게 하심으로 말미암아 우리를 거듭나게 하사 산 소망이 있게 하시며(벧전 1:3).

최근에 신문에 보도된 청소년들의 장래희망 앙케트 조사를 본 적이 있는데, 1위가 연예인이었다. 청소년들이 이런 직업을 선망하게 되는 이유는 무엇인가? 첫째, 멋있고 화려하다는 것이다. 둘째, 재미있게 인생을 즐기면서 돈을 벌 수 있다는 것이다. 셋째, 공부 못해도 성공할 수 있다는 것이다. 우리 청소년들의 희망이 어느새 한탕주의, 배금주의에 심각하게 오염되어버렸다. 텔레비전이 만들어 놓은 화려한 스타의 모습을 보며 청소년들의 희망이 왜곡되었다. 이런 희망은 신기루에 지나지 않는다. 이런 희망은 바람에 날려가는 안개처럼 사라져버릴 것이다. 어디 청소년들의 희망만 그런가? 세상이 주는 희망은 모두 신기루일 뿐이다. 잠시 있다가 사라지는 안개와 같다. 왜 그런가? 세상은 끝없이 변하기 때문이다. 10년 전 사람들의 희망사항과 오늘날 사람들의 희망사항이 다르다. 또한 10년 후의 희망사항이 다를 것이다. 유행이 변하듯이 사람들의 희망도 변한다. 그래서 세상이 주는 희망은 부질없는 것이다. 세상에서 얻는 소망은 죽은 소망일 뿐이다.

그러나 하나님이 주시는 소망은 다르다. 10년 전에도, 오늘도, 그리고 10년 후, 아니 그보다 더 오랜 세월이 지나도 그 소망은 변하지 않는다. 왜 그런가? 하나님께서 변함이 없으시기 때문이다. 세상이 아무리 변해도, 상황이 아무리 힘겹고 어렵더라도 이미 그 모든 것을 아시는 하나님께서 우리에게 주신 소망이기 때문에 변함이 없다. 그래서 하나님이 주시는 소망은 산 소망인 것이다.

종교개혁자 마르틴 루터는 개혁의 말기에 너무나 지쳤다. 아무리 투쟁해도 로마 교황청과의 싸움은 계란으로 바위를 치는 것처럼 느껴졌다. 그는 모든 것을 포기하고 싶어졌다. 심히 절망하고 있었다. 그는 넋두리처럼 "모든 것이 끝났어" 하고 외쳤다. 그때 지혜로운 그의 아내가 상복을 입고 방에 들어왔다.

루터는 깜짝 놀라서 "아니, 누가 죽었소?"라고 물었다. "예, 하나님이 돌아가셨습니다"라고 그의 부인이 말했다. "하나님이 돌아가시다니, 그게 무슨 말이요?"라고 루터가 말했다. 그때 루터의 아내가 정색을 하고 말했다. "하나님이 돌아가시지 않았다면 왜 당신이 그렇게 절망하고 있습니까?" 아내의 이 한마디가 루터를 흔들어 깨웠다. 그리고 그는 벌떡 일어나서 자신의 사명을 수행하기 시작했다.

우리가 이 시대에 아직도 희망을 가지고 살아야 할 이유는 어디에 있는가? 주님이 우리와 함께하시며, 지금도 살아서 역사하시기 때문이다. 주님은 지금도 하나님 우편에서 우리를 위하여 기도하고 계신다.

믿음의 시련을 소망으로 이겨내자

일제시대에 일본 사람들이 우리를 비웃었던 것 중의 하나가 우리 말에는 내일이란 말이 없다는 것이었다. '어제', '오늘' 이란 말은 순수 한국말인데 '내일'은 한자어다. 그래서 한국 사람의 의식 속에는 내일이 없다고 비웃었다. 그저 어제 이야기만 하고, 오늘에 급급해서 살아간다고 했다. 그런데 재미있는 것은 우리말에 내일이란 말은 없어도, '모레'는 있다는 것이다. 우리 한국 사람들은 내일보다 조금 더 먼 미래인 모레를 바라보고 희망하며 산다고 할 수 있다.

그리스도인의 산 소망은 겨우 가까운 미래를 바라보며 이 땅에 살 동안 일어날 일을 기대하고 사는 것이 아니다. 더욱 먼 미래, 이 땅을 떠나 하나님 나라에 들어간 뒤를 바라보고 희망하는 것이다. 그래서 사도 베드로는 다음과 같이 말했다.

그러므로 너희가 이제 여러 가지 시험으로 말미암아 잠깐 근심하게 되지 않을 수 없으나 오히려 크게 기뻐하는도다(벧전 1:6).

우리는 이 말씀대로 여러 가지 많은 시험을 이 땅에서 경험한다.

육체의 질병, 인간관계의 단절, 경제적인 시련 등 각종 시험을 만난다. 이 시험 앞에서 그리스도인인 우리도 근심한다.

근심하는 것이 당연하다. 그래서 성경에서도 '근심하게 되지 않을 수 없으나'라고 말하고 있다. 그러나 우리가 믿음의 사람이라면 그 근심을 극복할 줄 알아야 한다.

그래서 우리가 '잠깐' 근심하게 되겠지만 오히려 기뻐할 것이라고 말씀하신다. 근심을 넘어선 기쁨, 이 커다란 기쁨의 이유가 무엇이라고 했는가?

이는 너희 믿음의 시련이 인내를 만들어 내는 줄 너희가 앎이라(약 1:3).

너희 믿음의 확실함은 불로 연단하여도 없어질 금보다 더 귀하여 예수 그리스도께서 나타나실 때에 칭찬과 영광과 존귀를 얻게 할 것이니라(벧전 1:7).

'믿음의 시련'이라는 말이 무엇인가? 성도로 부르심을 받은 하나님의 자녀들에게는 모든 종류의 시험이 결국은 믿음의 시련이다. 우리의 믿음을 단련하기 위해서 하나님께서 허락하신 시련이란 말이다. 어떤 종류의 시험이든 그 시험을 제대로 그리스도인답게 통과한다면 반드시 믿음의 유익을 얻게 된다. 어떤 유익인가? 주님 앞에 서는 날 칭찬받을 자, 영광스러운 자, 그리고 하나님 앞에 존귀한 자가 되는 것이다. 믿음의 시련을 통해 마침내 인격이 빚어져 새로워지고 영광스러워지며 성숙한 자로 세워지는 것이다.

우리의 소망은 고난을 통하여 이루어진다. 고난 없는 영광은 없다. 그러므로 불 같은 믿음의 시련이 우리에게 다가온다. 시련이란 단어는 금을 생산하는 제련소에서 쓰는 용어이다. 금광석은 최소한 1,000℃ 이상 되는 용광로의 뜨거운 불길 속에서 불순물이 걸러져야 순금이 되어 나온다. 그런데 성도들의 믿음의 시련은 이보다도 귀하다. 금광석이 용광로를 거쳐 순금이 되어 나오듯, 우리의 믿음도 시련을 통해서 순수해진다.

세계 3대 성악가 중의 한 사람인 호세 카레라스, 그도 한때는 불치병을 앓은 적이 있다. 성악가로서 그의 명성이 최고조에 달했던

1987년, 그의 나이 41살 되던 해 7월이었다. 오페라 〈라보엠〉에서 주인공 역을 맡은 그는 한창 신나게 연습하던 중에 갑자기 쓰러져 병원으로 옮겨졌는데, 백혈병 선고를 받은 것이다.

‘이제 꼼짝없이 끝나는구나’라고 생각한 그는 히스기야를 떠올리며 하나님께 매달리기 시작했다. “사랑의 하나님, 제게 생명을 조금만 더 연장시켜주시면 남은 생애는 주님을 위해 살겠습니다.” 그는 강인한 정신력으로 투병생활을 시작했다. 머리카락이 빠지고 손톱과 발톱이 떨어져 나가는데도 찬송과 기도를 멈추지 않았다. 골수 이식 수술과 힘든 화학 치료도 믿음으로 잘 받아냈고, 마침내 그는 건강을 되찾았다.

이때부터 그의 삶은 그의 것이 아니었다. 자신이 다시 살게 된 것은 전적으로 하나님으로부터 새 생명을 부여받은 것임을 믿고, 전 재산을 바쳐 바르셀로나에 ‘호세 카레라스 백혈병 재단’을 세우고 백혈병 환자들을 돌보기 시작했다. 그는 이 일을 위해 공연에서 얻는 수익금의 절반을 쓴다고 했다. “때로는 질병도 은혜가 될 때가 있습니다. 백혈병과의 싸움을 통해 나보다 남을 생각할 줄 아는 사람이 되었습니다. 진정한 희망이 무엇인지 알게 되었습니다. 하나님만이 나의 참 희망이 되십니다. 나는 이제 단순히 노래만 부르는 것이 아닙니다. 내 생명을 연장시켜주신 하나님께 감사하며 살아 있다는 것을 기뻐하고 축하하기 위해 노래를 부릅니다." 그는 오늘도 감격과 희망 속에서 백혈병 환자들에게 새 희망과 삶을 전하는 전도사로 살아가고 있다.

당신의 마음속에 소망이 있는가? 그렇다면 소망을 품게 되는 이유는 무엇인가? 살아 계신 주님이 우리 안에 계시고, 그분께서 우리의 마음속에 노래를 만들고 믿음을 주시기 때문이다.

우리를 둘러싸고 있는 캄캄한 어둠에도 불구하고 우리 안에는 빼앗기지 않는 소망이 있다. 흔들릴 수 없는 소망이 있다. 나를 사랑하시는 하나님께서 예비해놓으신 소망이다.

독일의 작가 에른스트 블로흐는 "인간은 끊임없이 희망을 품는 존재"라고 말했다. 극한 상황에서도 인내와 용기를 가질 수 있게 만드는 힘은 희망이다. 희망이 있는 한, 어떠한 시련이라도 기꺼이 견뎌낼 수 있다. 그러므로 희망이 없는 사람에게는 정열과 보람이 없다. 희망이 없으면 삶의 목표도 없기 때문에 일시적 쾌락에 탐닉하여 방종과 타락을 일삼거나 절망 속에서 삶을 포기하게 된다. 이러한 삶이 반복되면 순간적으로는 기쁨을 얻을지라도 그로 인한 허탈감은 오래도록 지속되게 마련이다.

영국의 국회의원인 헨리 포셋은 시각장애인이다. 그는 20살 때 아버지와 함께 사냥을 갔다가 아버지가 실수로 쏜 총알에 맞아 실명했다. 그 뒤 헨리는 아무런 희망 없이 살고 있었다. 그러던 중 아들을 실명하게 만들었다는 죄책감에 빠져 자신을 저주하며 사는 그의 아버지를 보게 되었다. 헨리는 소망을 잃어버린 아버지를 건져내기 위해 점자를 배우기 시작했다. 그러면서 점차 자신의 모든 장애도 극복하고 일어서게 되었다. 참된 소망을 품게 되었다. 하나님이 그에게 주신 새로운 비전을 발견하게 되었다. 실명이라는 엄청난 시련을 통해 그는 살아 있는 소망을 얻게 되었고 그 소망은 그를 영국의 첫 시각장애인 국회의원으로 만들었다.

지금 이 순간 우리에게 닥친 시련을 통해 나를 만들어가시는 주님의 손길을 발견하자. 우리가 믿음의 시련을 받음으로 더욱 순결해진다는 사실을 기억하자. 그리하여 우리는 마침내 시련을 통과하고, 주님 앞에서 칭찬받을 자, 영광스러운 자, 존귀한 자로 세워질 것이다. 시련의 한복판에서 주님을 찬양하자. 산 소망을 주신 주님께 영광을 돌리며 감사하자.

산 소망을 갖고 살아가는 인생은 힘 있고 은혜가 있다. 또 활기차고 기쁨이 넘치게 된다. 세상의 썩을 것을 구하며 진정한 삶의 의미와 목표 없이 살다가 멸망당할 우리를 거듭난 하나님의 자녀가 되게 하시고 하늘나라의 산 소망을 주신 하나님을 찬양하는 사람이 되자.

　어느 찬송의 가사처럼, 당신의 등 뒤에서 당신을 도우시는 주님, 고난의 현장에 달려오시는 주님, 인생길에서 지치고 곤하여 주저 앉고 싶을 때 당신을 향해 손을 펴시는 주님의 음성을 매일매일 삶 속에서 깨달으라.

비전을 세우기 위한 원리

 주변 상황에 영향받지 말자

사람들은 꿈을 꾸고 희망을 갖다가도 넘어서기 힘든 장애물이 나타나면 쉽게 포기하고 그 희망을 꺾어버린다. 거센 도전과 난관이 앞을 가로막을 때 쉽게 포기하고 물러서는 희망은 죽은 희망이다. 그러나 살아 있는 소망, 산 소망은 거센 도전 앞에서 물러서거나 포기하지 않고 더 높이 희망의 돛을 올리게 한다.

아무리 큰 어려움이 앞을 가로막는다 할지라도, 우리는 산 소망을 가지고 살아야 한다. 그러면 우리가 산 소망을 가질 수 있는 이유는 무엇인가? 산 소망은 주님께서 주신 것이기 때문이다. 하나님이 주시는 소망은 아무리 오랜 세월이 지나도 변하지 않는다. 왜 그런가? 하나님이 변함이 없으시기 때문이다. 변함없는 하나님의 소망을 붙들라.

 믿음의 시련을 소망으로 이겨내자

우리의 소망은 고난을 통하여 이루어진다. 고난 없는 영광은 없다. 그러므로 불 같은 믿음의 시련이 우리에게 다가온다. 금광석은 용광로의 뜨거운 불길 속에서 불순물이 걸러져야 순금이 되어 나온다. 그런데 성도들의 믿음의 시련은 이보다도 귀하다. 금광석이 용광로를 거쳐 순금이 되어 나오듯, 우리의 믿음도 시련을 통해서 순수해진다. 믿음의 시련을 통해 마침내 인격이 빚어져 새로워지고 영광스러워지며 성숙한 자로 세워지는 것이다. 고난과 시련으로 힘겨운 나날을 보내고 있다면 고난 뒤의 축복을 바라보라.

꿈은 사람을 성공으로 이끄는 신앙이다. 꿈이 없으면 아무 일도 성공할 수 없다.

헬렌 켈러

4장

희망이 구원으로 인도한다

런던의 한 길모퉁이에서 구두를 닦는 소년이 있었다. 빚을 많이 져서 감옥에 갇힌 아버지 때문에, 소년은 집안 살림을 꾸려나가기 위해 구두를 닦아야 했다. 새벽부터 나와 밤늦게까지 일하면서도 그 소년은 얼굴에 웃음을 잃지 않았고, 늘 밝은 노래를 흥얼거렸다. 사람들은 그에게 물었다. "구두 닦는 일이 뭐가 그리 좋니?" 그때마다 소년은 이렇게 대답했다. "즐겁죠. 저는 지금 구두를 닦고 있는 게 아니라 희망을 닦고 있기 때문입니다."

이 소년이 바로 《올리버 트위스트》를 쓴 세계적인 작가 찰스 디킨스이다. 아무리 먹구름이 짙어도 그 먹구름 뒤에는 빛나는 태양이 있다. 시련이 어렵고 힘들어도 하나님은 그 모든 것을 합해 선을 만들어가신다. 어린 찰스 디킨스가 손님들의 반짝거리는 구두 코 위에서 희망의 별빛을 보았던 것처럼, 어렵고 힘든 일을 만날 때 우리의 희망이신 그리스도를 온전히 바라보며 복되게 살자.

희망이 현재의 나를 만든다

우리는 흔히 현재의 삶은 과거가 만든 것이라고 이야기한다. 나의 지난 삶이 나의 현재를 만들었다는 것이다. 우리나라 사람들은 분수도 모르고 과거에 흥청망청 돈을 쓰다가 현재 이렇게 경제가 어려워졌다고 말한다. 그러나 과거만 현재를 만드는 것이 아니다. 미래도 현재를 만든다. 미래란 아직 오지 않은 시간인데 어떻게 현재를 만들 수 있겠는가?

희망은 아직 경험하지 않은 미래의 일일 것 같지만 희망이 있는 사람은 그 희망을 이루려고, 그 희망대로 살려고 노력한다. 따라서 과거가 현재의 나를 만든 것도 맞지만, 사실상 나의 희망이 무엇이냐에 따라 지금의 내가 정해지기도 한다는 것이다. 어떤 미래를 그리고 어떤 희망을 가지느냐에 따라 우리의 현재도 달라진다. 이것을 다른 말로 '목적론'이라고도 한다. 어떤 목적을 가지고 있느냐에 따라 현재 삶이 정해진다는 것이다. 이것은 그동안 인류가 살아온 방식이다. 어떠한 것이든 우리는 목적을 가지고 살아간다. 달리 말하면 희망을 가지고 살아간다. 바라는 학교에 가고 싶다, 좋은 회사에 취직하고 싶다, 좋은 사람을 만나고 싶다, 돈을 많이 벌고 싶다, 좀 더 편안한 삶을 누리고 싶다 등의 많은 희망사항을 가진다. 그리고 이러한 희망을 이루기 위해 노력한다. 희망이 없으면 우리는 살 수 없을 것이다. 감옥에 갇혀도 언젠가는 나갈 수 있으리라는 희망이 있기에 옥중 생활을 견디고, 병에 걸려도 언젠가는 나으리라는 희망이 있기에 투병을 할 수 있는 것이다. 한마디로 지금의 삶보다 더 나으리라는 희망이 있기에 현재의 어려움을 견디고 살아갈 수 있게 되는 것이다.

희망은 젊은이의 전유물이라고 말하는 사람들도 있다. 노인이 되면 희망은 사라진다고 말한다. 그러나 그렇지 않다. 몸은 젊더라도 희망이 없다면, 그는 이미 죽음을 눈앞에 둔 사람일 것이다. 반대로 몸은 늙었더라도 희망이 있으면 그는 언제나 젊은이다. 희망을 가지고 사는 사람은 아무리 몸이 늙어도 아름다워 보인다. 또한 주위에 있는 사람에게도 희망을 준다. 돈이 없고, 나이가 들었다고 포기하지는 마라. 미국 전 대통령 카터를 생각해보라. 그의 도덕 정치는 성공하지 못하여 현직에 있을 때 그는 정말 인기 없는 대통령이었다. 결국 다음 번 선거에서 영화배우 출신인 레이건에게 비참하게 패배했다. 사람들은 도덕에 기초한 정치보다 연극적인 요소가 있는 정치를 더 좋아했다.

그러나 세월이 흐르면서 어떻게 되었는가? 그에 대한 평가가 날로 높아지고 있지 않은가? 그의 나이가 지금 80살을 넘어섰다. 그는 60살에 히말라야 정복을 시도했고, 64살에 아프리카 킬리만자로를 정복했다. 또한 분쟁과 어둠에 있는 곳에 가서 꿈과 희망을 주는 '피스 메이커'로서 열정적으로 일하고 있다. 그는 항상 말한다. "후회가 꿈을 대신할 때 인생은 늙기 시작한다." 그래서 카터는 후회할 시간을 가지지 않기 위해서라도 새로운 것을 꿈꾼다고 한다. 아무리 나이가 젊어도 만날 후회하고 탄식만 하면 그 인생은 늙은 인생이다. 그러나 나이가 들어도 꿈과 희망을 잃지 않으면 얼마든지 인생을 젊게 살 수 있다.

이렇듯 우리는 희망이 있어야만 살 수 있다. 그런 점에서 희망은 우리 삶의 근거이고 원리이다. 희망이 없는 삶은 곧 죽음과 같다. 희망은 살아 있다는 표시이다. 자신이 서 있는 곳, 자신이 만난 사람, 자신이 하는 일에 의미가 있다고 믿는 것이 희망이다. 소원하는 일

들을 기다리고 그것을 위해 헌신하는 것이 결코 헛되지 않으리라
고 확신하는 것, 그것이 희망이다. 희망은 오직 자기 안에 있으며,
희망을 잃는 것은 자기 자신에게 가장 큰 죄를 짓는 것이다.

그리스도인의 희망은 하나님 나라이다

그렇다면 그리스도인인 우리가 품는 희망은 결국 무엇인가? 이 세
상에서 밥 먹고 살아가는 한, 우리의 희망도 다른 사람들이 갖는 희
망과 다를 바 없을 것이다. 그리스도인이라고 해도 여느 사람들과
마찬가지로 좀 더 편안한 생활, 좀 더 명예로운 생활을 추구한다. 그
러나 그리스도인이라면 보통 사람과는 다른 희망을 가질 수 있다.
그중 가장 중요한 것은 바로 내세, 곧 하나님 나라에 대한 희망일
것이다.

　그렇다면 하나님 나라란 무엇인가? 앞에서 말한 것처럼 우리는
희망을 이루려고 노력하고 그 희망을 현실화시킨다. 그래서 희망
은 그저 아직 오지 않은 미래이기만 한 것이 아니라, 이미 어느 정
도 우리가 경험하고 있는 현실이다. 열심히 노력하는 그곳에 희망

이 들어와 있는 것이다.

그런 점에서 하나님 나라도 사실상 미래에만 이루어질 이상적인 세상이 아니다. 우리가 진정한 의미에서 하나님 나라에 대한 희망을 가진다면, 하나님 나라의 모습을 지금 구체화시키면서 살아가야 한다. 하나님 나라가 아름다운 곳이리라고 믿는다면, 그러한 아름다운 모습을 이 땅에서 이루려는 노력을 기울여야 한다.

하나님 나라에서는 만나고 싶은 사람들을 모두 만나게 될 것이라 믿는다면, 현재 우리와 관계 맺고 사는 사람들과 하나님 나라에서와 같이 교제하고 관계를 맺으며 살아가야 한다. 하나님 나라에서 하나님의 얼굴을 직접 뵙고, 예수 그리스도가 어떤 분인지 만나볼 수 있다면, 지금 이곳에서도 하나님을 뵙고 예수 그리스도를 만난다고 생각하며 살아야 한다. 하나님 나라에 대한 희망을 가지고 있다면, 크든 작든 하나님 나라를 이 땅에 이루려는 노력을 기울여야 한다는 뜻이다.

예수님이 "여기 있다 저기 있다고도 못하리니 하나님의 나라는 너희 안에 있느니라"(눅 17:21)고 하신 것은, 우리가 어떤 마음을 가지고 어떤 희망을 이루고자 하느냐에 따라 하나님 나라도 되고 그렇지 못하기도 한 것이라고 말씀하신 것이다.

그러나 하나님 나라가 우리 안에 있는 것은 맞지만, 우리가 이 땅에서 이루려는 하나님 나라는 아직 완전하지 않다. 우리는 종종 우리의 현실이 하나님 나라의 모습과 너무 다르다고, 아주 모순된다고 느끼기도 한다. 아무리 노력한다고 한들, 하나님 나라는 하나님께서 주시는 것이지 우리의 노력으로 이룰 수 있는 것이 아님을 안다. 그래서 성경에서도 그 완전한 모습은 우리 삶의 종말에나 온전히 보일 것이라고 말한다.

> 우리가 지금은 거울로 보는 것같이 희미하나 그때에는 얼굴과 얼굴을 대하여 볼 것이요 지금은 내가 부분적으로 아나 그때에는 주께서 나를 아신 것같이 내가 온전히 알리라(고전 13:12).

그때를 희망하지 않는다면 희미하게도 보이지 않을 것이고, 우리 삶도 엉망이 되고 말 것이다. 그러나 그때를 바라보면, 즉 희망을 가지면 살아가는 동안 희미하게나마 그러한 모습을 구현할 수 있을 것이다. 하나님 나라에 대한 희망을 항상 마음에 간직하고 하나님 나라를 삶 속에서 실현하며 살아가는 사람이 될 수 있도록 간구하자.

—

희망한다고 해서 모두 이루어지는 것은 아니다. 돈을 벌어 나누어 주고 베풀며 살고 싶은데 마음대로 되지 않고, 좋은 사람을 만나고 싶은데 생각처럼 쉽지 않다. 아무런 걱정 없이 살고 싶은데 그렇게 되지 않는다. 현실은 우리의 희망과 다르게 나타난다.

그러나 희망을 가지면 그것을 이루려고 노력하게 된다는 점에서 희망은 또한 우리의 삶 한복판에 있다. 먼 곳에 있는 것이 아니다. 희망을 가지는 순간 그것은 우리 삶 안에 들어와서 우리의 삶을 움직여준다. 그런 점에서 희망은 하나의 미래적 대상에만 머무는 것이 아니다. 희망은 미래에만 성취되는 것이 아니라, 현재에 주어져 있으면서 현재를 혁신하는 원동력이 된다.

오랜 친구와 며칠 후에 만나기로 약속했다고 가정해보자. 그 약속을 믿는 사람은 이미 그 친구를 만나고 있는 것과 다름없다. 그 친구를 직접 만나면 더 기쁠 것이다. 만날 것을 너무 당연히 믿는 사람이라면, 다시 말해 친구를 만날 희망을 가진 사람이라면, 이미 그 친구는 그 사람 안에 있는 것이다. 그 사람은 약속이 꼭 이루어질 것이라고 생각하고 살기에 모든 계획을 그 약속에 근거해서 세운다. 그 시간에 다른 일을 계획하지 않는다. 그래서 그 친구를 이미 만나고 있는 것과 다름없다고 하는 것이다. 그러나 그 약속을 믿지 못하거나 잊어버린 사람은 그 시간에 다른 일을 계획한다. 그래서 결국 그 친구를 만나지 못하게 된다. 희망을 가지면 그 희망대로 계획하고 행동해야 한다.

아프리카의 밀림 지대에 파견된 어느 병사가 있었다. 그가 소속되어 있던 부대는 밀림 한가운데서 적들에게 포위당하여 그 병사만 살고 전멸했다. 사람들은 병사들이 모두 죽었을 것이라고 생각했다.

6개월 뒤 그 병사는 혈혈단신으로 밀림을 헤쳐나와 구조되었다. 그를 발견했던 사람들은 그가 손에 꼭 쥐고 있던 지도를 보고 말했다. "역시 그는 밀림의 지도를 가지고 있었기 때문에 살아난 거야!" 하지만 그가 펼쳐 보인 종이에는 밀림의 지도가 아닌 영국 지하철 지도가 그려져 있었다. 그는 영국의 지하철 지도를 보며 그리던 조국에 살아서 돌아갈 수 있다는 희망을 되새겼다. 그래서 그 위험한 밀림을 헤쳐나올 수 있었던 것이다. 그가 그저 영국의 지하철 지도를 들고 희망사항만 가지고 가만히 있었다면 결국 그냥 그 자리에서 죽었을 것이다. 그러나 희망을 품고 처절하게 밀림을 탈출하고자 노력하고 행동했기에 희망을 성취할 수 있었다.

희망은 현실의 노력을 동반한다. 누워서 감 떨어지기를 기다리는 사람은 희망의 사람이 아니다. 희망을 품었다면, 그것을 이루기 위한 노력을 아끼지 마라.

희망의 근거는 하나님이시다

그리스도인이 이 세상을 살아가는 최종적인 희망의 근거는 무엇인가? 바로 하나님이시다. 그래서 로마서 15장 13절을 보면 하나님을 소망의 하나님으로 증언한다.

대학에 다니다가 퇴학을 당하고 이후 사업을 할 때마다 실패하던 어떤 사람이 있었다. 그는 매서운 바람이 불던 어느 겨울밤, 미시간 호수 속으로 몸을 던지려다가 하늘을 쳐다보았다. 바로 그 순간 찬란하게 빛나는 밤하늘의 별들과 맑은 하늘의 모습을 보면서 그는 하나님의 창조의 신비에 강한 경외감을 느꼈다. '자연의 존재가 스스로 없어지지 않는 것처럼 네 생명도 스스로 없앨 권리가 너에게는 없다'는 생각이 그의 마음을 지배하게 되었다. 절망의 늪에 빠져 자살하려던 그는 호수를 떠나 새로운 삶을 시작했다. 그때 그의 나이 32살이었다.

결국 그는 열정을 가지고 노력해 발명가와 기술자, 수학자 그리고 건축가, 시인 및 천문학자로 명성을 얻게 되었다. 12개 분야에서 명예박사학위를 받은 그는 지구를 57회나 돌면서 수백만 명에게 강연을 했다. 그가 바로 리처드 풀러이다. 풀러는 자살하려던 그날 밤 하나님이 만드신 자연을 바라보며 자신의 삶의 참 의미를 발견했다. 희망의 근거는 하나님이시다.

그러나 하나님은 '희망의' 하나님이기에 우리의 완전한 소유는 될 수 없다. 우리는 하나님이 내 소원과 바람대로 해주셨으면 좋겠다고 생각하지만, 하나님은 그렇게 하시지 않는다. 도리어 야속할 정도로 우리를 더 참고 더 견디고 더 기다리게 하신다. 하나님은 보이지 않는 것 같고 희망의 끝도 보이지 않는다. 로마서 8장 24~25절을 보면 우리가 소망으로 구원을 얻었지만, 그 소망은 보이지 않는다고 말한다. 그리고 소망이 보이지 않기에 더 바라고 기대할 수밖에 없다고 말한다.

그러나 우리는 연약해서 기대하다가 지치고 만다. 종종 우리의 희망을 실현하기 위해 노력하지만 때때로 암초에 부딪힌다. 도대체 어떻게 해야 할지 모를 때도 있다. 우리가 추구하고 따라야 할 것이 무엇인지를 모르거나, 안다고 해도 그대로 살지 못한다.

그러나 하나님께서는 희망의 근원이시기에, 이미 우리의 희망 사항을 알고 계신다. 우리가 좌절하고 어쩔 줄 몰라 할 때 하나님도 그러한 마음 안에 언제나 함께하신다. 그래서 성경에서는 "성령이 말할 수 없는 탄식으로 우리를 위하여 친히 간구하신다"(롬 8:26)고 말한다. 그것도 "하나님의 뜻을 따라" 하신다고 한다. 성령께서 하나님의 뜻을 따라 우리를 위해 간구하신다는 말은 하나님께서 친히 하신다는 뜻이다. 하나님께서 우리의 희망이 이루어지기를, 우리가 더 참고 더 바라고, 더 사랑하며 살기를 바라신다는 뜻이다.

예수 그리스도가 걸어간 길도 그와 같았다. 예수님도 때로는 십자가를 지기가 싫었다. 그러나 그럴 때마다 언제나 자신의 뜻이 아니라 아버지 뜻대로 이루어지기를 간구했다. 그것이 예수님의 사명과 희망을 이루는 길이었다. 하나님께서 미리 택하신 사람은 언제나 예수님과 같이 행동한다.

하나님께서는 그분이 택하신 자들이 그렇게 삶으로써 예수 그리스도가 걸어간 길을 따라가라고 부르신다.

하나님이 미리 아신 자들을 또한 그 아들의 형상을 본받게 하기 위하여 미리 정하셨으니 이는 그로 많은 형제 중에서 맏아들이 되게 하려 하심이니라(8:29).

위의 말씀처럼 하나님은 택하신 자들을 부르시고, 그렇게 부르신 자들을 의롭게 하시고, 또 영화롭게 하신다.

이것은 기독교 신앙의 근본 원리이기도 하다. 하나님이 우리에게 희망을 주시고, 그 희망대로 실천하게 하심으로써 의로운 삶을 살게 하시고, 그렇게 의로운 삶을 사는 사람을 더 나아가 영화롭게, 영광스럽게 하신다는 것이다. 그러므로 우리에게는 주어진 희망을 실천해야 할 의무만 있을 뿐이다.

희망을 가진 사람은 희망대로 산다

당신은 희망을 가지고 있는가? 희망을 가지고 있다는 말은 그 희망대로 산다는 뜻이다. 그렇게 살 때 희망은 더 이상 먼 곳에 있지 않고 우리 안에 있게 된다. 우리 안에 있는 희망은 더 이상 먼 미래의 것이 아니라 우리의 삶이 되는 것이다.

희망이 있는 사람과 없는 사람의 차이는 엄청나다. 희망이 있으면 아무리 멀게 느껴져도 그 희망을 이루려고 노력하기 때문에 그 희망을 자기 삶 안에 가져다 놓는다. 세계적인 임상심리학자 브리즈니츠 박사는 이스라엘 육군 훈련병들을 4조로 나누어 완전군장을 하고 20킬로미터를 행군시켰다. 1조에는 행군 거리를 미리 예고하고 5킬로미터를 갈 때마다 앞으로 남은 거리를 알려주었다. 2조에는 "지금부터 먼 거리를 행군한다"고만 말했다. 3조에는 "15킬로미터를 행군한다"고 말했다가 14킬로미터 지점에서 "20킬로미터를 행군한다"고 변경 통지를 하였다. 4조에는 "25킬로미터를 행군하겠다"고 말했다가 14킬로미터 지점에서 "20킬로미터 행군으로 오늘의 행군을 단축한다"고 발표했다.

이러한 실험에 의해 브리즈니츠 박사는 병사들이 상황에 따라 받는 사기와 스트레스의 관계를 다음과 같이 보고한다. 20킬로미터라는 정확한 거리와 남은 지점을 알고 행군한 1조가 가장 사기가 높고 동시에 가장 적은 스트레스를 받았으며, 행군거리를 전혀 모르고 간 2조가 가장 사기가 없고 스트레스도 많이 받았다. 그런데 예상 거리보다 짧게 행군한 4조가 예상 거리보다 더 길게 행군한 3조보다 훨씬 사기도 저하되고 스트레스도 많이 받았다는 점이다. 이에 대하여 브리즈니츠 박사는 "어려움이나 편안함보다는 희망과 절망이 인간에게 중요한 문제이며, 인간이 가장 큰 스트레스를 받는 것은 어려울 때가 아니라 희망이 없을 때"라고 분석했다. 희망을 가진 자는 희망대로 사는 것이다.

‘종말론’이라는 말을 많이 쓰고 듣지만, 사실상 그것은 먼 미래에 이루어질 일을 말하는 것이 아니다. 희망이 있는 사람은 그 희망을 자기 안에 가져다 놓듯이, 종말을 미리 앞당겨 산다. 종말이란 세상의 파국이라기보다는 세상의 완성이다. 끝이 아니라 완전히 새로운 삶의 시작인 것이다. 그런 점에서 종말론은 먼 미래의 일을 말하는 것이 아니라 도리어 지금의 일을 말하는 것이다. 지금 충실히 사는 사람은 영광스러운 종말을 맞이할 수 있다. 사이비 종교처럼, 자살할 장소를 찾아다니는 식의 삶을 살지 않는다. 희망을 가지고 지금 충실히 사는 사람은 미래에 이루어질 삶을 지금 앞당겨 사는 것이다. 이른바 종말을 앞당겨 사는 것이다. 희망을 삶의 원동력으로 삼아 사는 것이다.

그리스도의 부활은 미래를 그저 앞으로의 일로만 남겨두는 것이 아니라 현실로 앞당겨 선취한 사건이다. 미래의 희망을 현실화시킨 것이다. 사람들이 예수님을 그리스도요 하나님의 아들이라고 고백하게 된 것은 예수님께서 이러한 희망을 철저하게 자신의 것으로 만드신 데 있다. 희망이 없으면 죽은 목숨이나 다름없다. 우리의 신앙은 희망을 가지고 그에 따라 실천하는 데 있다. 희망이 곧 신앙이요, 절망이 곧 불신앙인 것이다. 몰트만이라는 신학자는 희망의 결핍을 다음과 같이 고발하고 있다.

하나님은 인간을 높이고 인간에게 광활하고 넓은 세계를 향한 전망을 주셨지만 인간은 뒤처지고 실망한다. 하나님은 의와 평화의 세계에서 만물의 새로운 창조를 약속하셨지만 인간은 마치 모든 것이 옛것 그대로인 것처럼 행동한다. 하나님은 인간에게 그분의 영광을 주어 높였지만 인간은 자신에게 기대된 것을 믿지 않는다. 인간이 희망을 잃고 절망에 빠짐은 일종의 죄악이다.

우리는 희망을 품고 있기에 지금의 삶에만 머물거나 만족하며 살지 않는다. 이러한 희망이 그리스도인을 그리스도인답게 해주는 근거이다. 살아갈수록 더욱 큰 희망을 가지는 사람이 되자. 또한 희망을 가지고 구원의 기쁨을 미리 맛보며 살아가자.

비전을 세우기 위한 원리

★ 희망이 현재의 나를 만든다

과거만 현재를 만드는 것이 아니다. 미래도 현재를 만든다. 희망이 있는 사람은 그 희망대로 살기 위해 노력하기 때문이다.

★ 그리스도인의 희망은 하나님 나라이다

우리가 하나님 나라에 대한 희망을 가진다면, 하나님 나라가 아름다운 곳이리라고 믿는다면, 그러한 모습을 이 땅에서 이루려는 노력을 기울여야 한다.

★ 희망은 현실의 노력을 동반한다

희망을 가지는 순간 그것은 우리 삶 안에 들어와 있다. 그런 점에서 희망은 미래에만 성취되는 것이 아니라, 현재를 혁신하는 원동력이 된다.

★ 희망의 근거는 하나님이다

희망의 근원이신 하나님은 이미 우리의 희망사항을 알고 계신다. 우리가 좌절하고 어쩔 줄 몰라 할 때 하나님도 그러한 마음 안에 언제나 함께하신다.

★ 희망을 가진 사람은 희망대로 산다

희망을 가지고 지금 충실히 사는 사람은 미래에 이루어질 삶을 앞당겨 사는 사람이다. 우리의 신앙은 희망을 가지고 그것을 실천하는 데 있다.

PART **2**

비전을 준비하라

사람은 평생 목표, 연도별 목표, 주별 목표, 일별 목표를 세워야 하고
자신이 40년 후에는 어떤 사람이 되어 있겠는가를 명확히 볼 수 있어야 한다.

노먼 빈센트 필

5장

준비된 기다림이 필요하다

성탄절이 다가오면, 유명 백화점이나 상가에서는 한 달 전부터 크리스마스 캐럴이 울려 퍼지고, 사람들은 들뜬 기분으로 가족, 친지, 친구들과 함께 약속을 잡고 즐거운 시간을 보낸다. 전 세계 대부분의 사람이 크리스마스를 한 해의 가장 큰 축제일로 생각하고 그날만큼은 기쁘게 보내려고 계획한다. 그래서 예수님을 모르는 사람들까지도 "메리 크리스마스!", "기쁜 성탄절 보내세요"라고 인사한다.

스님들이 율동하면서 캐럴을 부르고 대형 크리스마스 트리 앞에서 빙그레 웃으며 기념사진을 찍는 모습이 나오는 영화를 본 적이 있다. 성별, 연령, 나라, 종교를 초월하여 크리스마스가 인류의 가장 큰 축제인 것만은 분명한 것 같다.

성탄절을 맞아 한 해 동안 감사했던 분들에게 카드도 보내고 선물도 준비하며 온 세상이 요란하다. 그런데 정작 성탄절의 주인공이신 예수님을 맞이할 준비는 어떻게 하고 있는가? 예수님을 믿는 우리도 그분을 알지 못하는 사람들처럼 자신의 즐거움을 추구하며 들뜬 마음을 가지고 있지는 않은지 자신을 한번 돌아보자. 우리는 성탄의 진정한 의미를 되새기며 마음속 깊이 주님께서 주시는 참된 기쁨을 회복할 수 있어야겠다.

마태복음 2장 1~12절에 나오는 동방박사 세 사람은 유대인의 왕으로 태어나신 아기 예수를 찾아 경배하기 위해 먼 여행을 떠났다. 동방박사는 소위 천문학자이다. 그들은 천체를 연구하던 어느 날 신비한 별 하나를 발견하고 '이 별은 보통 별이 아니다. 분명히 메시아가 태어날 징조다. 틀림없이 유대인의 왕이 태어난 것이다'라고 생각하였다. 그리고 언젠가 메시아를 만나면 드리기 위해 준비해두었던 예물을 가지고 별을 따라가다가 먼 이국 유대 땅까지 오게 된 것이었다.

그들은 유대 왕 헤롯을 찾아가 유대인의 왕이 어디서 태어났는지를 물었다. 헤롯 왕은 그들의 말을 듣고 크게 놀랐다. 왕인 자신이 아이를 낳지 않았는데 새로운 왕이 태어났다니 이게 말이나 되는 일인가? 그래서 즉시 서기관과 제사장들을 불러 물었다. 그러자 그들은 성경의 예언을 근거로 베들레헴에서 왕 중의 왕이신 메시아가 태어났을 것이라고 대답했다. 이 얘기를 들은 헤롯 왕은 아기를 죽이려는 음모를 꾸민다. 그리고 순수한 마음을 가진 동방박사들은 계속 별을 따라 아기 예수께서 나신 곳까지 가게 되었고 말구유에 누우신 아기 예수께 예물과 함께 경배를 드렸다. 그들은 원래 돌아가는 길에 헤롯 왕에게 메시아가 태어난 사실을 전하고 가려 했지만 헤롯에게 가지 말라는 꿈을 꾸고 난 후 다른 길을 통해 고국으로 돌아갔다.

하나님의 인도를 받아 준비하자

동방박사들은 별을 따라갔다. 그들은 우주 만물을 움직이시는 하나님의 인도를 받았다. 앞길을 예측할 수 없이 답답할 때는 누군가의 인도를 받아야 한다. 우리는 부모님의 말씀을 들어야 한다. 선생님이나 선배, 친구들의 조언도 때때로 받아야 한다. 그런데 사람을 잘못 만나서 일생을 망치고 불행에 빠진 사람들을 종종 볼 수 있지 않은가? 그러므로 더욱 중요한 것은 동방박사들이 별을 따라 간 것처럼, 하나님의 인도를 따라가겠다는 자세를 가지는 것이다.

누구나 승리의 길, 행복의 길을 찾는다. 가능한 한 빠른 길로 가려고 한다. 그러나 하나님은 빠른 길보다는 바른 길로 인도하신다. 이스라엘 백성이 젖과 꿀이 흐르는 약속의 땅으로 갈 때 블레셋 사람의 땅을 지나는 길이 가까웠으나 하나님은 그들을 그 길로 인도하지 않으셨다. 이스라엘 백성이 전쟁을 하게 되면 두려워서 다시 애굽으로 돌아갈까 염려하셨기 때문이다. 하나님은 낮에는 구름기둥으로, 밤에는 불기둥으로 그들을 비추사 주야로 그들을 떠나지 아니하셨다. 그분은 자신의 백성이 가는 길을 친히 인도하신다.

나폴레옹이 유럽을 정복한 후 그 기세를 몰아 러시아까지 진격하려던 때의 일이다. 출정 전날 그는 한 귀족 부인에게 승전의 확신을 갖고 자신의 계획을 자세히 설명했다. 듣고 있던 부인이 조용히 말했다. "계획은 인간이 하나 이루시는 분은 하나님이십니다." 그러자 황제는 껄껄 웃으며 거만하게 말했다. "부인, 모든 것은 제가 계획하고 제가 이룰 것입니다." 그러나 몇 달 후 나폴레옹은 전쟁에서 대패하고 퇴위한 뒤, 엘바 섬에 유배되고 말았다. 하나님을 의지하는 것은 지혜이다. 하나님의 인도대로 사는 사람이 지혜로운 사람이고 승리하는 사람이다.

우리는 모두 하나님의 인도하심을 구해야 한다. 인생은 만남의 연속이다. 하나님께서는 우리 그리스도인들을 필요할 때마다 중요한 타인과 만나게 하시며 우리 삶을 인도하신다. 성경적 인격 치료의 창시자인 스위스의 폴 투르니에는 "질병을 치료하지 말고 인격을 치료하라"는 말을 남겼다. 그는 어린 시절에 일찍 부모를 잃고 고아가 되어 자폐증 환자로 살았다. 그런데 어떻게 성경적 인격 치료의 창시자가 될 수 있었을까? 그의 고백에 따르면 그는 인생을 살아가면서 중요한 타인들을 만나 변화되었다. 우리는 인생길을 가면서 타인과의 만남을 중요하게 생각해야 한다. 하나님 안에서의 만남은 우연이 없다. 하나님께서 중요한 타인과의 만남을 통해 우리 삶을 인도하시기 때문이다.

동방박사들은 별을 만나고, 헤롯을 만나고, 양 치는 목자들을 만나며 아기 예수를 찾아갔다. 하나님은 때때로 헤롯 같은 부정적인 매체를 통하여서도 인도하신다. 하나님의 인도대로 가려고 하는데 왜 부정적인 것들이 나를 가로막는지 원망하거나 비난하지 말기 바란다. 하나님의 인도하심을 믿으면 악한 요소를 극복하고 이겨내는 가운데 선한 길로 나아갈 수 있다. 중요한 것은 하나님의 인도하심을 받느냐 받지 않느냐이다. 그렇다면 하나님의 인도를 받기 위해서는 구체적으로 어떻게 해야 할까?

하나님을 전심으로 신뢰하고 의지하며 따라가면, 하나님은 우리
를 반드시 복된 길로 인도해주신다. 그리스도인인 한 시각장애인
이 말하기를, 자기를 인도하시는 분을 믿고 한 걸음 한 걸음 나아가
기만 하면 멀리 있는 장애물을 두려워할 필요 없이 목적지에 무사
히 도착한다고 했다.

하나님이 우리를 인도하시는 방법도 이와 마찬가지다. 오늘 내
가 무엇을 해야 할 것인가를 하나님이 보여주신 대로 믿고 순종하
며 살아가면, 하나님은 내일도 우리를 인도해주셔서 마침내 복된
길로 도달하게 하실 것이다.

우리는 하나님을 따라가야 한다. 마귀를 따라가면 안 된다. 정욕, 교만, 탐욕과 돈을 따라가면 안 된다. 하나님을 내 삶의 주인으로 인정하고 하나님과 함께 살면, 영혼과 육체와 삶이 잘될 뿐만 아니라 하나님의 은총과 축복도 겸하여 받게 된다.

어떠한 경우에도
기쁨으로 준비하자

마태복음 2장 10절에 보면 동방박사들이 멈춘 별을 보고 "매우 크게 기뻐하고 기뻐하더라"는 내용이 나온다. 별을 보고 기뻐했다는 것은 무엇을 뜻하는가? 하나님의 역사하심을 보고 기뻐했다는 것이다. 하나님께서 당신과 함께하시는 역사를 보고 기뻐하라. 기쁨 중의 기쁨, 최고의 기쁨은 하나님의 도움을 받는 것이다. 예수 믿는 사람들은 인생을 기쁘게 살아야 한다. 바울은 데살로니가 교회 교인들에게 "항상 기뻐하라!"고 권고했다. '항상'이라고 한 것은 좋은 일이 있을 때만 기뻐하라는 것이 아니다. 바울 역시 복음을 전하다가 잡혀 감옥에 갇혀 있는 상황에서 이처럼 항상 기뻐하라고 권고한 것이었다. 어떠한 경우에도 여호와로 인하여 기뻐하는 것이 믿음의 사람이 세상을 살아가는 자세이다.

하나님의 역사는 기쁘게 하는 것이다. 그래서 하나님과 함께하는 사람은 기쁨이 넘쳐난다. 고난이 없어서 기뻐하는 것이 아니다. 고난과 고통은 믿지 않는 사람과 똑같이 있다. 그러나 어떠한 고난과 고통이 있다 할지라도 하나님이 함께하시면 결국 승리할 수 있다는 믿음으로 나아갈 때 주님께서 우리에게 기쁨을 주신다.

'스웨덴의 나이팅게일'로 불린 오페라 가수 제니 린드는 전성기 때 무대를 떠났다. 그녀는 부와 명예와 사랑을 한 몸에 받은 세기적 인물이었다. 사람들은 인기의 달콤함을 경험한 린드가 곧 무대에 복귀할 것으로 생각했다. 그러나 그녀는 무대를 떠난 이후 완전히 소식이 끊겼다.

몇 년 후, 한 친구가 린드를 찾았다. 그녀는 무릎 위에 성경을 올려놓고 저녁노을을 바라보고 있었다. 그 얼굴에는 기쁨과 감격이 충만했다. 친구가 그녀에게 물었다. "전성기 때 무대를 떠난 이유가 뭐니? 그 격정의 무대가 그립지 않니?" 그녀는 아름답게 물든 저녁노을과 성경을 가리키며 말했다. "무대 위의 기쁨은 순간의 환희일 뿐이야. 이 성경과 아름다운 자연은 내게 영원한 기쁨을 선물하고 있어."

행복의 열쇠는 마음에 있는 것이지 환경에 있는 것이 아니다. 영원한 것에 대한 소망은 안식과 기쁨을 가져다준다. 하나님을 떠난 행복이란 없다. 지위가 높고, 권세가 있고, 물질이 많으면 행복도 이에 비례할 것이라고 많은 사람이 오해하고 있다. 그래서 지위와 권세와 물질을 추구하며 산다. 그러나 정작 있어야 할 행복이 거기에 없을 때 커다란 실망을 안고 좌절한다.

또 미래에 행복이 다가올 것이라는 기대도 잘못된 생각이다. '자녀들을 대학, 대학원까지 교육시키고, 시집 장가를 보내면 행복이 다가오겠지'라고 생각하다가 막상 그때가 되면 허무와 공허만이 자신을 둘러싸고 있다는 것을 느끼게 될 것이다. 또 '좀 더 많은 재산을 모아 마음에 드는 집을 짓고, 그 안에서 아름답게 꾸미고 살면 행복이 다가오겠지'라고 믿다가 그것이 실상 이루어지면 얼마 되지 않아 진정한 만족과 행복은 결코 그 집에 존재하지 않는다는 것을 절감하게 될 것이다.

행복은 행복해지기로 결심한 사람만 얻을 수 있는 것이다. 또한 예수님 안에서 얻은 행복만이 참 행복이요, 영원한 행복임을 알아야 할 것이다.

고상한 기쁨을 누리는 사람은 행복하다. 죄악에도 쾌락이 있고, 하찮은 일에도 재미라는 것이 있다. 그러나 인간의 고귀함은 죄악으로 인한 쾌락이나 재미를 추구하는 데 있는 것이 아니다. 인간의 고귀함은 고상한 기쁨을 목표로 삼고 살아가는 데 있다. 돈 버는 것도 재미있고, 부자가 되는 것도 즐거운 일이다. 세상적인 성공과 성취에도 기쁨이 있다. 살아가면서 누구나 한 번은 경험하고 싶은 욕망들이다. 그럼에도 우리 인간은 정작 원하는 것을 소유했을 때는 더 깊은 세계를 추구한다. 조금 더 고귀하고, 고상한 삶을 추구한다. 단순한 물질적 부(富)가 아니라 차원 높은 부를 추구한다. 내적인 부유함과 존재의 넉넉함을 추구한다. 코코 샤넬은 "세상에는 돈을 가진 사람과 부유한 사람이 있다"고 말했다. 그는 참된 부유함의 정의를 물질의 부유함이 아니라 존재의 넉넉함으로 본 것이다.

부유함은 소유가 아니라 나눔에 따라 측정된다. 소유했지만 나누지 못하는 사람은 가난한 사람이다. 반면에 얼마를 가졌든 나눌 수 있는 사람은 부유한 사람이다. 진정한 부유란 소유에 있는 것이 아니라 나눔에 있다. 세네카의 말처럼 우리가 찬양하는 것은 가난이 아니다. 가난해도 천해지지 않고 비굴해지지 않는 인간이 되기를 소망하는 것이다. 한 인간의 고상함의 척도는 소유가 아니라 그가 무엇을 기뻐하느냐에 있다.

그렇다면 성경에서 말하는 고상한 기쁨은 무엇일까?

첫째, 하나님의 말씀을 즐거워하는 것이다. 시편 1편은 복 있는 사람을 "오직 여호와의 율법을 즐거워하여 그 율법을 주야로 묵상

하는 자"(시 1:2)라고 말씀한다. 하나님의 말씀을 즐거워하고, 그 말씀을 즐기는 사람은 고상한 사람이다.

둘째, 여호와를 경외함으로 즐거움을 삼는 것이다. 이사야 선지자는 장차 오실 예수님에 대해, "그가 여호와를 경외함으로 즐거움을 삼을 것이며 그의 눈에 보이는 대로 심판하지 아니하며 그의 귀에 들리는 대로 판단하지 아니하며"(사 11:3)라고 예언했다. 예수님의 즐거움은 하나님을 경외하는 데 있었다.

셋째, 환경을 초월해서 하나님으로 인하여 즐거워하는 것이다. 하박국이 그런 사람이었다. 비록 생활이 어렵고, 환경이 고통스러워도 하나님으로 인한 기쁨을 누리는 사람은 행복한 사람이다. 그의 고백을 들어보라.

비록 무화과나무가 무성하지 못하며 포도나무에 열매가 없으며 감람나무에 소출이 없으며 밭에 먹을 것이 없으며 우리에 양이 없으며 외양간에 소가 없을지라도 나는 여호와로 말미암아 즐거워하며 나의 구원의 하나님으로 말미암아 기뻐하리로다(합 3:17~18).

옛날에 돈은 많이 있으나 자식도 없고 별로 웃을 만한 일이 없는 부자가 한 명 있었다. 그가 하루는 말을 타고 여행을 가는 도중에 앞을 바라보니 어떤 사람이 옷은 남루하고 다리는 절룩거리지만 즐거운 듯이 춤을 추고 있었다. 그래서 가까이 다가가 "그대는 무엇이 그렇게 기뻐서 춤을 추는가?" 하고 물어본즉 이 거지가 대답하기를 첫째, 하나님께서 나를 지으실 때 하등동물로 짓지 않고 사람으로 지으신 것이 기쁘고 둘째, 다행히 한 다리만 절룩거리므로 동서남북을 마음대로 다닐 수 있기 때문에 즐겁고 셋째, 지금 나를 부러워하는 사람은 없으나 내가 죽으면 하나님 품에 안길 것을 생각하니 너무나도 좋아서 춤을 춘다고 했다. 진실로 그리스도인의 소망은 하늘 보좌에 있는 것이다.

기쁘게 사는 사람이 건강하고, 장수하고, 행복하며, 성공한다. 슬프게 사는 사람, 비관적으로 생각하고 걱정하는 사람, 부정적으로 사는 사람은 자기도 불행할 뿐만 아니라 다른 사람까지 불행하게 만든다.

기독교는 기쁨의 종교이다. 우리는 하나님 앞에 기뻐해야 한다. 승리하고 기뻐하고(대하 20:27), 예배드리고 기뻐하고(느 12:43), 고통과 고난 중에도 하나님 앞에서 기뻐해야 한다(욥 6:10). 핍박을 당할 때도 기뻐하고(마 5:11~12), 죄를 회개할 때도 기뻐하고(눅 15:7) 환난을 당할 때도 기뻐해야 한다(고후 7:4). 항상 기뻐해야 한다(빌

4:4). 당신은 어떻게 살고 있는가? 기쁘게 살아가기를 바란다. 마음은 편하고 즐겁게, 몸은 바쁘게 살기 바란다. 예수님을 잘 알지 못했던 과거에는 때때로 두려움과 불안, 절망과 공포, 염려와 한숨 속에서 슬프게 살았다고 할지라도, 우리를 구원하러 오신 예수님이 나의 주인이라는 사실을 알고 믿은 후에는 기뻐하며 사는 것이 정상이다.

교만을 버리고 순종함으로 준비하자

마태복음 2장 12절에 보면 "꿈에 헤롯에게로 돌아가지 말라 지시하심을 받아 다른 길로 고국에 돌아가니라"라는 말씀이 나온다. 동방박사들은 올 때도 하나님이 보여주신 별을 따라 왔고, 갈 때도 하나님의 음성을 듣고 그 지시를 따라갔다. 하나님께 순종하는 마음을 가져야 한다.

그런데 아무나 순종하는 게 아니다. 겸손한 마음을 가진 사람만 순종할 수 있다. 오늘날 많은 사람이 왜 순종하지 못하고 불순종의 죄를 짓는가? 교만하기 때문이다. 사람은 누구나 다 교만한 마음이 있다. 그래서 다 자기 잘난 맛에 산다. 교만하면 절대 순종하지 못한다. 창세기 12장 1절에 하나님께서 아브라함에게 말씀하시길 "너는 너의 고향과 친척과 아버지의 집을 떠나 내가 네게 보여 줄 땅으로 가라"고 하셨다. 아브라함은 그 말씀에 순종함으로 믿음의 조상이 되고, 복의 근원이 되었다. 그리고 후손 대대로 축복을 받았다. 순종하는 사람에게는 하나님께서 축복하시고 은총을 베풀어주신다. 미국의 대통령 중에서 여전히 많은 사람에게 존경받는 링컨 대통령이 남긴 유명한 말이 있다. "하나님의 말씀대로 살았더니 하나님께서 나를 대통령으로 만들어주셨다." 하나님의 말씀대로 살면 하나님께서 다 책임지시고 축복하시며 보호해주신다.

예수님의 삶은 어떠했는가? 예수님은 순종함으로 십자가에 죽으셨지만, 부활하시고 승천하셨다. 예수님은 하나님 앞에 절대적으로 순종함으로 승리하는 모습을 우리에게 보여주셨다. 그러므로 우리도 '예수님의 삶을 본받아 저도 순종하게 하옵소서' 하고 기도해야 한다.

인수한 공장을 10년 동안 잘 꾸려서 돈을 많이 번 사업가가 있었다. 그런데 경제가 안 좋아지고, 거래처가 부도나자 연쇄반응으로 그의 회사도 부도나게 되었다. 어음을 받았는데, 그 어음을 막지 못하면 망할 수밖에 없는 처지에 놓인 것이다. 온종일 고민하였지만 뾰족한 방법이 없었다. 그는 사람으로서는 최선을 다했지만 방법이 없으니 하나님께 매달려보자고 생각하고 밤 10시에 택시를 타고 기도원으로 갔다. 하나님께 엎드려 간절히 기도하기 시작했다. "하나님, 어떻게 하면 좋습니까? 부도가 나서 망하게 생겼습니다. 내가 망하는 것은 상관없지만 예수 믿는 나로 인해서 피해보는 사람이 생기면 하나님의 영광을 가릴 텐데 어떡해야 합니까? 나 때문에 손해 보는 사람 없게 도와주세요. 나로 인해 고통당하는 사람 없게 해주세요" 하고 3일을 작정하고 금식하며 하나님 앞에 간절히 기도했다. 그런데 그렇게 기도하면서도 감당할 수 없는 이 위기를 피하고 죽고 싶은 마음뿐이었다. 도저히 집으로 돌아갈 용기도 나지 않았다. 자살을 하면 죄가 되니까 죽을 수도 없고 차라리 아무도 모르는 기도원에서 그렇게 평생 숨어 살았으면 좋겠다는 생각도 했다.

그런데 금식 3일째 되던 날, 하나님께서 그의 마음 가운데 이런 말씀을 주셨다. '피하지 마라. 피하지 마.' 그는 마음속으로 되물었다. '하나님, 피하지 말라고요? 예, 알겠습니다. 그러면 저에게 용기를 주세요.' 3일 금식을 마치고 집에 돌아가서 자기에게 돈을 빌려준 사채업자들에게 전화를 걸었다. "지금 당장은 너무 어려우니 한 달만 연기해주시면 그동안에 제가 어떻게든 해보겠습니다." 그랬

더니 돈 빌려준 사채업자가 오히려 위로해주더라는 것이다. 걱정하지 말라면서 요즘 모두 어려운데 한 달쯤 참아줄 수 없겠느냐며 열심히 일하라고 격려해주는 것이었다. 그런데 한 달 후, 부도나서 거래가 중단된 줄 알았던 업체가 법정 관리에 들어가면서 은행으로부터 돈이 들어오게 되었다. 그러자 자재를 살 수 있었고 공장은 다시 정상으로 돌아가게 되었다. 평소보다 몇 배로 주문이 들어왔고, 좋은 기술자들도 들어왔다. 회사는 더욱 크게 발전하고 성장하게 되었다.

걱정할 시간에 하나님께 엎드려 간절히 기도하라. 그러면 하나님께서 믿음을 주신다. 용기를 주신다. 자신감을 주신다. 또한 피할 길을 허락하여주신다. 하나님은 우리에게 귀한 선물을 주셨다. 하나님의 아들, 예수님을 우리에게 주셨다. 하나밖에 없는 아들까지 주신 하나님께서 우리에게 무엇인들 못 주시겠는가? 하나님의 사랑을 의심하지 말고 하나님의 섭리에 대해 불안해하지 마라. 하나님의 말씀을 더 가까이하고 모든 일에 감사하고 기뻐하라. 그리고 주어진 일에 최선을 다해 충성하고 헌신하라.

비전을 준비하기 위한 원리

⭐ 하나님의 인도를 받아 준비하자

일상생활에서 하나님을 전심으로 신뢰하고 의지하며 따라갈 때 하나님은 우리를 반드시 복된 길로 인도해주신다. 하나님은 우리를 한 걸음 한 걸음 인도하신다. 오늘 내가 무엇을 해야 할 것인가를 하나님이 보여주신 대로 믿고 순종하며 살아가면 하나님은 내일도 우리를 인도해주셔서 마침내 우리를 복된 길로 도달하게 하실 것이다.

⭐ 어떠한 경우에도 기쁨으로 준비하자

하나님과 함께하는 사람은 기쁨이 넘쳐난다. 고난이 없어서 기뻐하는 것이 아니다. 고난과 고통은 믿지 않는 사람과 똑같이 있다. 그러나 어떠한 고난과 고통이 있다 할지라도 하나님이 함께하시면 결국 승리할 수 있다는 믿음을 가지고 주님 앞에 나아가면 주님께서 우리에게 기쁨을 허락해주신다.

⭐ 교만을 버리고 순종함으로 준비하자

당신도 걱정할 시간에 하나님께 엎드려 간절히 기도하기 바란다. 그러면 하나님께서 믿음을 주신다. 용기를 주신다. 자신감을 주신다. 또한 피할 길을 허락하여주신다. 하나님은 우리에게 귀한 선물을 주셨다. 하나님의 아들, 예수님을 우리에게 주셨다. 하나밖에 없는 아들까지 주신 하나님께서 우리에게 무엇인들 못 주시겠는가?

후회가 꿈을 대신할 때 인생은 늙기 시작한다.

지미 카터

6장

하나님이 주시는 시험

우리는 일반적으로 믿음의 조상 아브라함을 이야기하면서 아무 생각 없이 그저 믿음의 조상으로 받아들인다. 그런데 아브라함은 아무 이유 없이 믿음의 조상이 된 것이 아니다. 하나님이 일종의 테스트를 하셨고 아브라함이 그 테스트에 합격했기에 믿음의 조상이 되고 하나님께 쓰임받은 것이다. 하나님이 사람을 사용하시는 데는 다 이유가 있다.

히말라야 고산족 사이에서 양을 매매할 때는 그 크기에 따라 값이 오르내리는 것이 아니라 양의 성질에 따라 값이 정해진다고 한다. 그런데 성질을 테스트하는 방법이 재미있다. 가파른 산비탈에 양을 놓아두고 살 사람과 팔 사람이 함께 본다. 이때 양이 비탈 위쪽으로 풀을 뜯고 올라가면 말랐어도 값이 오르고, 비탈 아래로 풀을 뜯고 내려가면 살이 쪘어도 값이 내려간다. 위로 올라가는 양은 현재는 힘이 들더라도 먹을 것이 풍성한 미래가 있지만, 아래로 내려가는 양은 결국 협곡 바닥에 이르러서 굶주려 죽기 때문이라고 한다.

하나님께서도 역시 사람을 쓰실 때 이러한 시험 과정을 거치신다. 고난을 싫어하고 땀 흘릴 줄 모르며 수월한 길만 택하면 하나님의 테스트에서 높은 평가를 받기 어렵다.

그렇다면 아브라함은 하나님으로부터 어떤 테스트를 받고 어떻게 극복했을까?

기 득 권 의   자 리 를
포기할 수 있어야 한다

아브라함은 먼저 자신의 기득권을 포기할 수 있는가에 대한 테스트를 받았다.

하나님으로부터 "떠나라"는 명령을 받은 것이 바로 그 테스트이다. 하나님은 아브라함에게 "너는 너의 고향과 친척과 아버지의 집을 떠나 내가 네게 보여줄 땅으로 가라"(창 12:1)고 말씀하셨다. 히브리서 11장 8절 말씀을 읽어보면 "믿음으로 아브라함은 부르심을 받았을 때에 순종하여 장래의 유업으로 받을 땅에 나아갈새 갈 바를 알지 못하고 나아갔으며"라고 이야기한다.

하나님께서 아브라함에게 어느 장소로 떠나라는 문제를 제시하셨지만 아브라함은 어디로 가는지 알지 못했다. '내가 (앞으로) 지시할 땅으로 가라.' 어떤 장소인지 얼마나 거리가 떨어져 있는지도 모른 채, 아무 정보도 없는 상황에서 하나님은 아브라함에게 '네 집을 떠나라'는 문제를 던지셨던 것이다.

이 문제를 받아든 아브라함은 정말 난감했을 것이다. 아브라함은 그때 이미 75살의 노인이었다. 그런데 하나님께서 아브라함에게 이런 문제를 주셨다면 분명한 이유가 있었을 것이다. 하나님께서는 아브라함의 삶에 큰 변화를 요구하셨던 것이다. 하나님은 우상숭배가 만연한 땅, 하나님을 모르는 사람들이 많은 땅에서, 하나님만 섬길 수 있는 약속의 땅인 가나안으로 아브라함을 옮기고 싶으셨던 것이다. 당시 아브라함은 변화가 필요한 상황은 아니었다. 이미 노년의 나이였고, 나름대로 부와 명예를 축적하고 안정된 삶을 누리고 있었다. 다만 부족한 것이 하나 있다면 대를 이을 아들이 없었다는 것이다.

아브라함과 같은 상황이었다면 당신은 떠날 수 있겠는가? 그 나이에 기득권을 포기한다는 것은 정말 힘든 일일 것이다. 젊은 나이라면 열정 하나로 기득권을 포기할 수 있다. 그러나 죽음을 앞둔 나이의 사람들은 의외로 자신의 기득권에 집착하게 된다. 아브라함은 "하나님! 제가 살면 얼마나 더 살겠습니까? 그냥 고향 땅에서 살다 죽게 내버려두십시오"라고 하소연할 수도 있었다. 하지만 그는 하나님께 무조건 순종했다.

하나님께서는 "지금 네가 추구하고 있는 세상적인 욕망과 욕심에서 떠나라. 물질과 명예만을 숭배하는 우상의 자리에서 하나님만을 섬길 수 있는 믿음의 자리로 과감히 옮겨라", "네 기득권을 나를 위해 과감히 포기할 수 있느냐?'라고 하시며 지금도 동일하게 이런 테스트를 하신다.

아브라함도 보통 사람처럼 '하나님! 저는 현재의 자리가 편안하고 좋사오니, 그냥 놔두세요. 변화하기 싫고 두렵습니다. 제가 이 나이에 무슨 변화를 하겠습니까?' 하고 생각했을 수도 있다. 하나님은 아브라함의 두려움과 걱정을 모두 알고 계셨다. 그러나 그분은 아브라함이 변화하길 원하셨다. "믿음으로 아브라함은 부르심을 받았을 때에 순종하여 장래의 유업으로 받을 땅에 나아갈새 갈 바를 알지 못하고 나아갔으며"(히 11:8)라는 말씀을 통해, 우리는 아브라함이 어떻게 시험을 통과했는지 알 수 있다.

위의 말씀에서 '믿음'과 '순종'이라는 말을 기억하기 바란다. 아브라함은 '순종'만 한 것이 아니라 '믿음'을 가졌다. 그는 지금 자신이 갈 바를 알지 못한다. 자신이 어디로 가야 할지, 거리가 얼마나 먼지, 어떻게 가야 하는지도 모른다.

그러나 하나님에 대한 믿음을 가지고 말씀에 순종했다. '하나님! 믿음을 가지고 떠나겠습니다. 하나님께서 저와 함께해주실 거죠?' 이렇게 단순한 믿음만을 가지고 그의 아버지와 아내, 조카 롯과 하인들, 그리고 많은 가축을 이끌고 떠났다.

하나님은, 비록 두렵고 불안한 마음이지만 자신의 삶에 변화를 주겠다고 용기 있는 결단을 내린 아브라함을 귀하게 사용하셨다. 하나님께서 그에게 주신 것은 '믿음의 조상'이라는 엄청난 축복이었다.

몹시 가난하지만 신앙을 지키고 십일조를 하며 열심히 생활하는 한 소년이 있었다. 소년은 성실과 믿음이 인생의 성공을 가져온다고 믿고 가난과 싸워나갔다.

그 결과 30살에 모빌런치 서비스라는 회사를 설립하게 되었고 이어서 세계적인 도넛 상표를 개발했다. 그가 바로 던킨도너츠 창

업주인 로젠버그다. 전 세계 어느 곳에 가도 던킨도너츠 상점이 있다. 그는 72살을 맞이하는 생일축하 자리에서 "나는 가난하게 자랐습니다. 정규교육도 받지 못했습니다. 그러나 하나님께서 늘 제 짐을 맡아주셨습니다. 성공은 지식이 아니라 태도에 달려 있다고 나는 믿습니다"라고 말했다.

그는 가난하고 교육도 받지 못했지만, 늘 하나님을 믿고 순종하며 자신의 짐을 하나님께 맡기고 살았다. 하나님께서 그의 짐을 대신 맡아주시고 그를 이끌어주셔서 그는 대기업가로 성공할 수 있었다. 그는 다음과 같이 고백했다. "지식이 나를 성공시킨 것이 아니라 삶의 태도가 나를 성공시킨 것이다. 내 삶의 태도의 중심에는 하나님을 향한 믿음과 순종이 있었다."

우리도 아브라함처럼 하나님을 믿고 하나님 말씀에 순종해야 한다. '떠나라' 하는 문제를 받아들고서 '하나님이 나와 동행하시니 내가 순종하겠나이다' 하는 믿음을 가지고 나아갈 때 우리도 아브라함처럼 높은 상급을 받을 수 있을 것이다.

하나님의 약속을
신뢰해야 한다

하나님께서 내신 첫 번째 테스트를 통과하자 계속해서 다음 테스트가 이어진다. 아브라함은 두 번째로 이해할 수 없는 문제를 하나님으로부터 받게 된다. 그것은 '이삭의 탄생'이었다. 창세기 17장에서, 하나님은 이제부터 아브람을 아브라함이라고 부르겠다고 하셨다. 아브라함의 첫 이름은 아브람이었다. 아브람의 뜻은 '큰 아버지'이다. 그런데 '함'이란 단어가 들어가면 히브리어에서는 복수 명사가 된다. 따라서 '아브라함'은 '열국의(많은 자의) 아버지'라는 뜻이다. 하나님께서 '많은 자의 아버지'로 이름을 바꿔주신 것이다.

그때 아브라함의 나이 99살이었다. 아브라함은 그 당시 친자식은 아니지만 자식이 있었다. 그의 아내 사라의 몸종이었던 하갈이 낳은 이스마엘이었다. 사라가 "여보, 이제 난 끝났어요. 더 이상 임신할 수 있는 몸이 아니오니 내 몸종 하갈에게서 낳은 아들을 후계자로 계승하도록 하세요"라고 아브라함에게 요청한다. 그렇게 해서 낳은 아들이 이스마엘이다. '이삭'은 유대인의 조상이 되고 '이스마엘'은 아랍인의 조상이 된 것을 보면 아브라함의 행동이 너무 큰 실수라고 여겨진다. 지금까지도 유대인과 아랍인 사이에는 큰 갈등이 있지 않은가. 하나님의 말씀을 거역함으로 얻는 결과는 우리가 생각하는 것보다 파장이 훨씬 크다. 하나님 말씀을 우습게 여기지 말고 순종하려고 애쓰라.

아브라함은 열국의 아버지가 될 것이라는 약속의 표시로 새로운 이름을 받았다. 그러나 그는 속으로 이렇게 말했을지 모른다. '하나님! 제가 모든(많은) 자의 아버지라는 이름을 받을 자격이 있습니까? 자식이 하나도 없는데요.'

> 믿음으로 사라 자신도 나이가 많아 단산하였으나 잉태할 수 있는 힘을 얻었으니 이는 약속하신 이를 미쁘신 줄 알았음이라 이러므로 죽은 자와 같은 한 사람으로 말미암아 하늘의 허다한 별과 또 해변의 무수한 모래와 같이 많은 후손이 생육하였느니라(히 11:11~12).

위의 말씀에서는 사라가 '절대로 아이를 낳을 수 없는 몸'이며, 그녀의 몸이 죽은 자와 같은 상태라고 표현하고 있다. 그런데 이런 상황임에도 불구하고 하나님은 하늘의 허다한 별과 같이, 해변의 모래알같이 무수한 자손을 사라와 아브라함에게 주겠다고 약속하신 것이다.

하지만 하나님의 약속과 아브라함이 처한 현실에는 너무나 큰 차이가 있었다. 아브라함은 도대체 이 문제를 어떻게 풀어야 할지 매우 난감했다. "충실한 종인 엘리에셀을 후계자로 세울까요?"라고 하나님께 여쭈었지만 아니라고 하셨다. '이스마엘도 낳게 되었잖아요?' 하나님께서는 그도 아니라고 하셨다. 그가 이렇게 어려운 문제를 어떻게 해결하고 이삭을 낳게 되었는지 히브리서 11장 11절을 보면 답이 나와 있다.

믿음으로 사라 자신도 나이가 많아 단산하였으나 잉태할 수 있는 힘을 얻었으니 이는 약속하신 이를 미쁘신 줄 알았음이라.

아브라함은 자신과 약속하신 하나님을 미쁘신 분으로 알았다. '미쁘다'라는 단어를 성경에서 많이 볼 수 있는데, 이 말은 '신뢰할 만한, 믿을 만한, 충실한, 신뢰가 있는'이라는 뜻이다. 아브라함이 이해할 수 없는 문제를 풀었던 가장 결정적인 방법은 하나님께서 약속을 지키는 분이라는 것을 분명히 믿은 것이었다.

하나님께서 우리에게 하신 약속들은 무엇인가? 구원의 약속만 있는가? 내가 예수를 믿으므로, 죽으면 영원한 하나님 나라로 하나님께서 데려갈 것이라는 한 가지 약속만 믿고 신앙생활을 하고 있는가? 하나님은 성경을 통해 우리에게 수없이 많은 약속을 하셨다.

약속은 사실 지켜지는 경우보다 그렇지 못한 경우가 더 많다. 결혼식장에서 연인들은 죽음이 갈라놓을 때까지 사랑하겠다고 약속한다. 그래도 이혼율은 점점 높아지고 있다. 기업들은 자사의 제품이 소비자들을 아주 만족시킬 것이라고 약속한다. 하지만 소비자들의 평가는 냉담할 때가 많다. 많은 사람이 약속을 하지만 그 약속을 지켜내기에는 부족한 점이 많다. 하지만 하나님은 우리처럼 부족한 면이 있거나 거짓말을 하는 분이 아니다. 그분은 절대적으로 신뢰할 만하며, 주신 약속을 그대로 이행할 능력이 있는 분이다. 창조주 하나님은 약속을 성취할 수 있는 무한정한 자원을 가지고 계신다.

하나님의 약속을 굳게 믿는 사람은 멍청하고 무력한 것처럼 보일 수도 있다. 그러나 하나님의 약속 앞에서는 자신의 무력함이 곧 능력이 된다. 그러므로 참된 믿음은 하나님의 약속을 붙잡음으로 자신은 한없이 무력해지는 것이다. 하나님 앞에서 매사에 계산적이고 지성적인 사람은 하나님이 약속하신 땅으로 나아가기가 힘들다. 왜냐하면 그 땅은 철저히 자신의 무력함을 인정하며 남은 인생 길을 하나님의 약속 앞에 철저하게 맡겨야 들어갈 수 있는 곳이기 때문이다.

다윗의 위대함은 하나님 앞에서 자신의 부족함과 무력함을 숨기지 않고 하나님의 약속을 믿은 데 있다. 그러나 사울 왕은 자신의 힘과 지혜를 믿고 교만했기 때문에 실패하고 말았다.

사람들은 대체로 스스로의 힘과 지혜로 위대해지려고 노력한다. 그러나 아브라함은 철저히 자신의 무력함이라고 하는 힘을 통해 위대해진 것이다. 하나님의 약속과 만나는 사람은 '불가능'과 만나는 사람이다. 모든 불가능한 상황에서도 약속을 붙잡는 사람은 그 속에 숨어 있는 '가능성'을 본다.

하나님을 정말 신뢰하는가? 하나님은 분명히 약속을 지키시는 분이라는 것을 아는가? 하나님을 사랑하는 사람에게 반드시 축복을 주신다는 약속을 분명히 믿고 하나님의 테스트를 통과하여 쓰임받는 인생이 되자.

생사를 주관하시는 하나님을 경외해야 한다

끝으로 아브라함은 더더욱 이해할 수 없는 한 가지 테스트에 직면하게 된다. 100살에 낳은, 어느 것과도 바꿀 수 없는 사랑하는 아들이삭을 죽여서 번제물로 바치라는 것이다. 과연 아브라함이 어떻게 사랑하는 아들 이삭을 바쳤을까?

다음에 나오는 말씀을 통해, 아브라함이 이삭을 바칠 수 있었던 힘의 원동력이 되었던 것이 무엇이었는지 알 수 있다.

'하나님이 능히 이삭을 죽은 자 가운데서 다시 살리실 줄로 알았다'는 것이 아브라함이 가진 신앙이다. 이것이 바로 아브라함이 이해할 수 없는 문제를 풀 수 있었던 가장 중요한 열쇠였다. 아브라함은 '하나님은 죽은 자도 살릴 수 있는 분이다. 내가 아이를 낳을 수 있었던 것도 불가능을 가능하게 하시는 하나님의 은혜였다'라는 절대적인 신앙을 가졌던 것이다.

이삭을 낳을 때, 아브라함은 살고 죽는 문제를 하나님이 전적으로 주관하고 계시다는 사실을 믿고 있었다. 결국 이삭을 주셔서 행복하게 하셨던 것도 하나님이고, 이삭을 데려간다고 해서 고난을 주신 것도 하나님이라는 사실을 인정한 것이다.

많은 사람이 하나님을 기복적으로 믿는 경향이 있다. 행복은 늘 하나님이 주시고 고난은 모두 마귀가 준다고 생각한다. 그러나 때로는 하나님도 고난을 주신다. 하나님은 그분의 자녀들에게도 고난을 허락하셨다. 가정에 어려운 일들이 생기고, 회사가 부도나고, 해고되고, 대학 시험에 불합격하고…. 하나님은 왜 우리에게 이런 고난을 주시는가? 그것은 절대적으로 하나님을 의지하라는 신호이다.

고난을 불행으로 받아들이는 사람은 하나님 앞에서 올바른 신앙생활을 할 수 없다. 고난이 왔을 때, 그 고난을 통해 하나님이 주시는 엄청난 축복을 기대하면서 이겨나갈 수 있다면 우리의 신앙은 좀 더 성숙해질 것이다. 고난과 고통을 통해 인간이 성숙되고 내면이 강화된다는 사실을 알 것이다. 자신에게 닥친 고난과 어려움과 환란을 긍정적으로 생각하라. 하나님은 지금도 우리를 사랑하는 마음으로 문제를 내고 계신다는 사실을 다시 한 번 기억하라.

아브라함을 향한 하나님의 테스트는 우리에게도 주어진다. 당신은 과연 하나님을 위해 자신의 기득권을 포기할 수 있는가? 세상적인 욕심과 욕망에서 떠나 하나님만을 향할 수 있는 삶으로 옮기라는 말씀에 순종할 수 있는가? 하나님은 지금도 인간적 상식으로 이해할 수 없는 문제들을 내시며 우리를 테스트하신다. 그러한 문제

를 제시하실 때, 하나님이 나와 함께하신다는 믿음을 가지고 나간
다면 하나님께 높은 점수로 합격할 것이다. 하나님의 테스트에 통
과하여 믿음의 조상 아브라함을 넘어서는 위대한 하나님의 자녀가
되자.

지금도 하나님은 우리를 더욱 귀한 일꾼으로 삼으시려고 테스트
하신다. 감사함으로 테스트를 받아들이라. 하나님의 테스트를 지
혜롭게 온전한 믿음을 가지고 통과하게 해달라고, 그래서 하나님
의 축복의 통로가 되게 해달라고 간구하라.

비전을 준비하기 위한 원리

 기득권의 자리를 포기할 수 있어야 한다

아브라함과 같은 상황이었다면 여러분은 떠날 수 있겠는가? 그 나이에 기득권을 포기한다는 것은 정말 힘든 일일 것이다. 믿고 순종해야 한다. 하나님으로부터 '떠나라'는 문제를 받아들고서 '하나님이 나와 함께 동행하시니 내가 이 말씀에 입각하여 순종하겠나이다' 하는 믿음을 가지고 순종해나갈 때 우리도 아브라함처럼 높은 상급을 받을 수 있을 것이다.

하나님의 약속을 신뢰해야 한다

사람들은 대체로 스스로의 힘과 지혜로 위대해지려고 노력한다. 그러나 아브라함은 철저히 자신의 무력함이라는 힘을 통해 위대해진 것이다. 하나님의 약속과 만나는 사람은 '불가능'과 만나는 사람이다. 모든 불가능한 상황에서도 약속을 붙잡는 자는 그 속에 숨어 있는 '가능'을 본다.

생사를 주관하시는 하나님을 경외해야 한다

아브라함은 살고 죽는 문제를 하나님이 전적으로 주관하고 계시다는 사실을 믿고 있었다. 결국 이삭을 주셔서 행복하게 하셨던 것도 하나님이고, 이삭을 달라고 해서 고난을 주신 것도 하나님이라는 사실을 인정한 것이다. 하나님은 그분의 자녀들에게도 고난을 허락하셨다. 왜 우리에게 이런 고난을 주시는가? 그것은 절대적으로 하나님을 의지하라는 신호이다. 고난이 왔을 때, 고난을 통해 하나님이 주시는 엄청난 축복을 기대하면서 이겨나갈 수 있다면 우리의 신앙은 좀 더 성숙해질 것이다.

목표를 가질 때 잠재 능력을 깨우고, 그것을 극대화할 수 있다.

지그 지글러

7장

하나님은 당신을 주목하신다

사람마다 사물을 보는 시각이 다르다. 물이 반 정도 찬 컵을 보고 어떤 사람은 "컵에 물이 반만 찼네"라고 이야기하고 어떤 사람은 "물이 반이나 찼네"라고 탄성을 지른다.

사과 상자에서 못생긴 사과부터 골라 먹는 사람은 마지막까지 제일 못생긴 사과를 먹게 되고 예쁜 사과부터 골라 먹는 사람은 마지막까지 제일 예쁜 사과를 먹을 수 있다는 이야기도 있다. 긍정적 사고가 음식의 모습과 맛까지 바꾸어놓을 수 있는 것이다. 하나님은 긍정적인 사고방식을 가진 사람을 주목하신다.

이스라엘 백성 200만 명이 애굽에서 나와 가나안을 향해 행진할 때, 모세는 12명의 정탐꾼을 가나안에 보냈다. 성경에는 기록되어 있지 않지만 정탐꾼을 파송할 때의 상황을 다음과 같이 추측해볼 수 있다.

정탐꾼을 보내어 모든 정보를 알아보자고 하는 여론이 이스라엘 백성 사이에 팽배하였다. 모세는 이런 여론에 놀라서 다음과 같이 말했다. "정탐꾼을 보내려고 하느냐? 하나님을 의심하지 마라. 하나님은 분명히 저 땅을 우리에게 주신다고 하시지 않았느냐."

그러나 이스라엘 백성은 막무가내로 정탐꾼을 꼭 보내야 한다고 주장했다. 그래서 모세는 최종 결정은 하나님께 여쭈어보고 하겠다고 성막으로 들어갔다. 하나님은 "모세야! 백성들이 정탐꾼을 보내자고 하는데 너도 동의하느냐?"라고 물으셨다. 모세가 "하나님! 저는 하나님께서 저 땅을 주신다고 하셨기에 주실 거라고 믿습니다. 그래서 정탐꾼을 보내지 않아도 하나님이 주시리라 믿습니다"라고 대답하였다. 이런 모세의 대답을 들으신 하나님은 말씀하셨다. "그들이 원한다면 보내라." 그래서 모세는 각 지파에서 1명씩을 선택하였고, 제사장 지파요 하나님을 전적으로 신뢰하고 있는 지파인 레위 지파를 제외한 12지파에서 정탐꾼을 보내게 되었다.

가나안에 파송되어 40일간 정탐한 정탐꾼들은 기원전 2449년 아브월 8일에 이스라엘 진영으로 돌아왔다. 그들이 돌아와서 보고

한 이야기는 너무나 유명하다.

12명 중 10명은 부정적인 보고를 하여 이스라엘 백성을 실망시켰다. 그러나 여호수아와 갈렙은 "우리가 곧 올라가서 그 땅을 취하자. 능히 이기리라" 하고 당당하게 말했다. 이에 하나님께서는 여호수아와 갈렙만이 약속의 땅에 들어갈 것이라고 말씀하셨다.

약 200만 명의 이스라엘 백성이 애굽에서 나왔는데 여호수아와 갈렙만이 가나안 땅에 들어갈 수가 있었다. 그 두 사람은 남이 보지 못하는 것을 볼 수 있는 사람이었다. 그래서 하나님의 특별한 주목을 받았고 특별한 축복을 받은 것이다. 당신도 여호수아와 갈렙처럼 특별한 사람이 되고 싶은가? 그렇다면 그들이 무엇을 보았는지 지금부터 살펴보자.

하나님이 주신 비전을 보았다

12명의 정탐꾼들은 가나안으로 떠났고, 같이 다니다가 돌아왔다. 그런데 10명은 가나안으로 가지 말자고 하였고, 2명은 가자고 하였다. 무엇이 이렇게 정반대의 말을 하게 하였을까? 바로 비전의 차이었다. 부정적인 반응을 보인 10명은 비전이 없었다. 다시 애굽으로 돌아가서 노예로 살든가, 광야에서 살든가 둘 중 하나를 선택해야 했다. 노예가 무슨 비전이 있겠는가? 광야에서 무슨 비전이 있겠는가? 게다가 가나안 땅에 살고 있는 일곱 족속 거민들은 강한 사람들이어서 전쟁하면 질 것 같은 예감이 들었다. 그들은 그것이 무서워서 가나안으로 가지 말자고 하였다.

그러나 여호수아와 갈렙은 그들과 달리 긍정적인 보고를 하였다. 물론 적의 성은 견고하였고, 적은 무시무시한 아낙 자손들이었다. 그들에 비하면 이스라엘 백성은 한없이 작고 약한 존재 같았다. 그러나 여호수아와 갈렙에게는 비전이 있었다. 가나안은 젖과 꿀이 흐르는 땅이었다. 새롭게 민족을 형성할 땅이었다. 메시아가 오실 땅이었다. 여호수아와 갈렙은, 과거 430년은 애굽에서 노예로 살았으나 이제는 해방되어 당당하게 살 수 있다는 비전을 보았다.

분명한 비전은 하나님이 자신들의 조상 아브라함에게 주신 비전이었다(창 15:12~16). 아브람이 아브라함이 되기 전에 하나님께서 주신 예언의 말씀이 그대로 이루어진 것을 그들은 알고 있었다. 첫째, 정말 이방의 객이 되었다. 둘째, 400년 만에 풀려났다. 셋째, 이스라엘을 괴롭히던 애굽을 징치하셨다. 넷째, 큰 재물을 이끌고 나왔다. 다섯째, 아브람이 평안히 조상에게 돌아가 장사 지냄을 받았다. 그렇다면 이제 남은 예언은 "이 땅으로 돌아오리라"는 말씀 한 가지만 남았다. 다섯 가지 예언이 이루어졌고 한 가지 예언만 남아 있는데 그것을 믿을 수 없겠는가? 못 믿는 것이 오히려 이상하지 않은가. 그래서 여호수아와 갈렙은 그 땅으로 돌아갈 수 있다는 확신의 비전을 가졌다.

비전을 가진 사람은 비전을 향하여 기쁨을 가지고 부유한 마음으로 움직일 수가 있다. 그러므로 세상에서 가장 가난한 사람은 동전 한 닢 없는 사람이 아니라 비전이 없는 사람이다.

1961년, 인류가 달에 간다고 하자 많은 사람이 비웃었다. 그러나 미국의 35대 대통령인 J. F. 케네디는 1961년 5월 21일 "인간을 달에 착륙시켰다가 지구로 무사히 귀환시키겠다"는 〈아폴로 백서〉를 발표했다. 그 당시 미국은 구(舊) 소련에 비해 인공위성 경쟁에서 지고 있던 터라, 이 계획은 자존심 강한 미국인들에게는 더없이 놀랍고 반가운 것이었지만, 과학자들이 보기에는 가능성이 너무나 희박했다. 대부분의 미국 과학자는 '빨라야 1995년경에야 가능할 것'이라는 판단을 내렸다. 그러나 어쨌든 미국의 모든 국력과 관심은 이 아폴로 계획에 쏟아졌고, 무모한 발상으로만 여겨지던 이 계획은 1969년 7월 21일 결국 실현된다. 비전을 품고 행동으로 움직였기에 이루어진 것이다.

신대륙을 발견한 콜럼버스도 30살이 넘으면서 대서양 건너 미지의 세계에 대한 비전을 품기 시작했다. 그로 인해 미친 사람이라는 취급을 받기도 했지만 그는 결국 58살이라는 나이에 지금의 아메리카 대륙을 발견하는 역사적 쾌거를 이룩하였다. 콜럼버스뿐만 아니라 흑인을 해방시킨 링컨, 전등을 발명한 에디슨, 가나안을 향해 40년간 이스라엘 백성을 이끈 모세, 한글을 창제한 세종대왕도 마찬가지였다. 이처럼 비전은 처음에는 아주 미미하게 보이지만 나중에는 거대한 모습으로 나타난다.

티머시 에드워즈는 영국 청교도 혁명기 때 성직자로서 큰 영향력을 미쳤던 사람이다. 그는 1627년, 날카로운 비판으로 당국에 체포되어 투옥당하기도 하였다. 또한 나라를 위해 3일간 음식을 입에 대지 않고 잠도 자지 않은 채 "제게 뉴잉글랜드를 주십시오"라고 하나님께 간절히 기도했다. 그렇게 기도하고 강대상에 올라가면 그는 마치 하나님의 얼굴을 응시하는 것처럼 보였으며 사람들은 그의 모습에서부터 은혜를 받았다. 그는 하나님께 주목받는 사람이 되었고, 그의 비전은 이루어졌다. 그는 하나님의 큰 축복 속에서, 다른 사람과 구별되는 삶을 살게 되었다.

지금 당신에게도 비전이 있는가? 과연 어떤 비전을 향해, 어떤 푯대를 향해 걸어가고 있는가? 하나님이 주시는 비전을 품고, 하나님께 주목받는 특별한 사람이 되자.

전능하신 하나님이 동행하심을 보았다

여호수아와 갈렙은 부정적인 10명의 보고를 들은 후, 애굽으로 돌아가자고 통곡하는 백성들을 향해 "여호와는 우리와 함께하시느니라" 하고 옷을 찢으며 외쳤다(민 14:9). 여호수아와 갈렙은 하나님이 동행하시는 것을 보았다. 전능하신 하나님이 함께하시는데 무엇이 두려웠겠는가? 여호수아와 갈렙이 하나님께 주목받는 사람이 된 비결이 여기에 있다. 늘 하나님이 함께하심을 알고 믿은 것이다. 하나님을 온전히 믿고 따르는 사람은 무엇이든 할 수 있다.

리빙스턴이 선교사로 떠날 때 있었던 이야기다. 다른 한 선교사가 찾아와서 어디로 갈 것이냐고 물었다. 리빙스턴은 "앞으로 나아갈 수 있다면 어디로 가도 좋다"라고 대답했다. 그가 이렇게 말할 수 있었던 근거가 있다. 바로 하나님께서 동행하심을 믿었기 때문이다. 이런 사람은 하나님의 특별한 관심의 대상이 된다.

한동대학교 총장 사모님이 쓰신 《갈대상자》라는 책에 보면 하나님과 함께 가지 않으면 아무리 풍파가 없고 풍요로워도 안전하지 않고, 하나님과 함께 가면 아무리 풍랑이 몰아치고 가진 것이 없어도 안전하다는 고백이 나온다. 우리가 주님을 의지할 때, 그분의 말씀을 청종할 때, 우리는 사람의 인식의 한계를 뛰어넘는 성공과 승리를 맛보게 된다.

나는 없어도 당신이 곁에 계시면

나는 언제나 있습니다

나는 있어도 당신이 곁에 없으면

나는 언제나 없습니다

당신이 계시므로 나도 있고

당신의 노래가 머물므로 나는 부를 수 있어요

주여 꽃처럼 향기 나는 나의 생활이 아니어도

나는 당신이 좋을 수밖에 없어요

주 예수 나의 당신이여

_〈빛이 없어도〉

위의 찬양처럼 자신의 삶 속에 동행하시는 하나님을 바라보고, 하나님께 주목받는 사람이 되기를 기도하라.

—

여호수아와 갈렙은 어제를 본 것이 아니라 내일을 보았다. 애굽을 본 것이 아니라 가나안을 보았다. 땅을 본 것이 아니라 하늘을 보았다. 지금 당장 200만 명이 모두 광야에서 죽는다고 하더라도 가나안으로 가야 했다. 그래야 하나님께서 메시아를 보내주시고 인류를 구원하시게 된다. 오늘은 고생스러워도 내일을 건설해야 했다. 그래서 두 사람은 가나안으로 가자고 했다. 부정적인 10명의 말을 들으면 지금은 편할지 모르지만 후손들은 애굽으로 돌아가면 다시 노예가 될 것이고 광야에서 생활하면 떠돌이 유목민이 될 것이 뻔했다. 그러나 가나안으로 가면 지금의 세대는 고통스럽겠지만 자손들은 축복 속에 살게 된다. 편안한 내일을 위해 고생스러운 오늘을 기꺼이 견디는 이가 미래지향적인 사람이다. 하나님께 주목받으려면 미래지향적인 사람이 되어야 한다.

앞날을 예측하지 못하는 인간의 어리석음이 어느 정도인지 가르쳐주는 이야기가 있다. 원자력에 사용하는 핵 원료인 라듐의 모체가 되는 우라늄에 대하여 1945년의 영어 사전에는 "아무 쓸모가 없는 희고 무거운 금속"이라고 기록되어 있다. 그러나 시대가 바뀌어

우라늄은 원자핵 분열을 일으키는 막대한 에너지를 방출하는 핵원료이며, 이것의 발견은 인류 역사상 최대의 발견이라고 고쳐 쓰게 되었다.

또 다른 이야기를 보자. 어미 원숭이가 두 마리의 새끼를 기르고 있었다. 그런데 한 마리는 늘 품에 안고 다니며 편애했고, 다른 한 마리는 제대로 돌보지 않고 거의 관심을 기울이지 않았다. 사랑받지 못한 새끼 원숭이는 혼자 다니면서 먹이를 자급자족했고, 모든 일을 혼자 처리했다. 그러나 어미의 사랑을 독차지하고 있던 새끼는 늘 어미가 구해주는 음식을 먹으며 어미 품속에서 아무 걱정 없이 살았다. 그러던 어느 날 다른 지역의 원숭이들이 급습했다. 어미 원숭이는 사랑하는 새끼 원숭이를 안고 이 나무에서 저 나무로 피해 다녔다. 그런데 나중에 보니 새끼 원숭이는 숨이 막혀 죽어 있었다. 그러나 어미 원숭이의 돌봄 없이 혼자 살던 새끼 원숭이는 자기가 알아서 피하고 숨어 지내다가 최후까지 살아남게 되었다. 과보호는 비극이다. 내일을 위한다면 오늘은 고생스럽게 길러야 한다.

자녀 교육도 마찬가지다. 자녀들이 하나님께 주목받기 위해서는 미래지향적인 사람이 되도록 도와줘야 한다. 진실로 자녀를 사랑하고, 그들의 미래를 걱정한다면 집착성 과보호로 애정을 표현할 것이 아니라 미래를 준비하는 지혜로운 정신으로 교육해야 한다.

미래지향적인 사람들은 자기 자신에 대해 헌신적이다. 그들은 새로운 아이디어 및 통찰력, 기술, 전략을 열심히 배우고 실행한다. 그들은 늘 새로운 정보에 굶주려 있으며, 스펀지처럼 주변으로부터 가능한 한 모든 것을 빨아들인다.

농구 감독 팻 라일리(Pat Riley)는 "만약 당신이 더 미래지향적으로 발전하고 있지 않다면 더 퇴보하고 있는 것이다"라고 말했다. 당신도 그동안 사용한 적이 없는 엄청난 양의 정신 능력을 미개발 상태로 보유하고 있을 것이다. 자신이 지금까지 상상할 수 있는 것보다 더 많은 분야에서 학습을 통해 훌륭해질 수 있는 능력을 보유하고 있는 것이다. 그러나 정신은 근육과도 같아서 만약 그것을 사용하지 않으면 적어도 일시적으로는 그것을 잃게 된다.

만약 당신이 매년 차를 유지하는 데 쓰는 비용을 자신의 기술과 능력을 높이는 데 지출한다면, 당신은 세계에서 가장 유능하고 소득이 높은 사람 중 하나가 될 수 있을 것이다. 미래를 바라보라. 미래를 준비하라. 목표를 갖는 것은, 미래지향적인 삶을 뜻한다. 발은 오늘의 땅에 두되, 눈은 미래를 내다보는 것이다. 미래를 보는 사람은 자기 능력이 최대한 발휘되도록 노력한다. 하나님은 그런 사람을 주목하시고 능력을 부어주신다.

한 여인이 아버지의 유산을 이어받는데 토지문제가 잘못되어 재판을 받게 되었다. 첫 번째 재판에서 패소한 이 여인이 알렉산드리아의 고등법원에 상소하기 위해 모든 법적 증거서류를 모았다. 그리고 그 서류들을 돌 항아리에 넣고 뚜껑을 닫은 후 자기 집의 노예를 시켜서 고등법원으로 보냈다. 그런데 이 노예가 법원으로 가는 도중 숙박한 여인숙에 불이 나서 모두 불에 타 죽어버렸다. 그 사건 이후 2천 년이 지난 후 고고학자들이 이 돌 항아리를 발견하였는데, 그 속에는 2천년 전의 문서와 함께 재판장에게 보내는 장문의 편지가 있었다. 편지의 마지막 부분에는 "재판장님께 내 항소가 참된 것임을 알게 하고자 여기에 내 휴포타시스를 보내드립니다"라고 쓰여 있었다.

'휴포타시스'란 증거물에 대한 확실한 신념이다. 이렇듯 신념이 있는 사람이 미래를 바라보는 사람이다. 미래를 바라보는 사람은 하나님이 주신 증거를 가지고 그분의 약속을 믿고 나아간다. 성경은 언제나 약속이 있으면 반드시 실현된다고 하며, 영원한 미래와 함께 현재적 성취도 항상 강조하고 있다. 이것이 성경이 말하는 신앙이다. 절망과 실의에 빠져 있을 때는 반드시 우리의 미래를 책임져주시는 하나님만을 깊이 의지하는 믿음이 있어야 한다. 우리는 그러한 미래지향적인 믿음으로, 끊임없이 염려하는 우리의 실존을 이겨낼 수 있다.

비전을 준비하기 위한 원리

★ 하나님이 주시는 비전을 보라

세상에서 가장 가난한 사람은 동전 한 닢 없는 사람이 아니라 비전이 없는 사람이다. 신대륙을 발견한 콜럼버스, 흑인을 해방시킨 링컨, 전등을 발명한 에디슨, 가나안을 향해 40년을 이끈 모세, 한글을 창제한 세종대왕이 그랬듯이 이처럼 비전은 처음에는 아주 미미하게 보이지만 나중에는 거대한 모습으로 나타난다.

★ 하나님의 동행하심을 보라

《갈대상자》라는 책에 보면 하나님과 함께 가지 않으면 아무리 풍파가 없고 풍요로워도 안전하지 않고, 하나님과 함께 가면 그곳이 아무리 풍랑이 몰아치고 가진 것이 없어도 안전하다는 고백이 나온다. 우리가 주님을 의지할 때, 그분의 말씀을 청종할 때, 우리는 사람의 인식의 한계를 뛰어넘는 성공과 승리를 맛보게 된다.

★ 과거가 아닌 미래를 보라

미래를 바라보라. 미래를 준비하라. 목표를 갖는 것은 미래지향적인 삶을 뜻한다. 발은 오늘의 땅에 두되, 눈은 멀리 미래를 내다보는 것이다. 미래를 보는 사람은 자기 능력이 최대한 발휘되도록 노력한다. 그런 사람에게 하나님은 능력을 부어주신다.

지식이 나를 성공시킨 것이 아니라 삶의 태도가 나를 성공시킨 것이다.
내 삶의 태도의 중심에는 하나님을 향한 믿음과 순종이 있었다.

윌리엄 로젠버그

8장

쓰임받는 사람이 되자

어떤 사람이 결혼생활의 변화에 대해 이렇게 술회했다. 신혼 초에 아내가 아플 때는 "어서 옷 입어 병원에 가야지"라고 말하고, 1년 후에 아프다고 회사로 전화하면 "여보, 지난번에 간 병원 알지? 택시 타고 다녀와. 오늘 빨리 갈게"라고 말하고, 2년 후 아프다고 전화하면 "집엔 약도 없어? 약 먹고 누워서 쉬라고. 또 몸살이 난 모양이구먼"이라고 말한다. 5년 후 몸이 불편하다고 전화하면 "도대체 뭘 한다고 만날 아프다는 거야? 원래 당신은 좀 약한 체질이었던 것 같아"라고 말하고, 10년 후 전화도 못하고 누워 있는 아내를 본 남편이 이렇게 이야기한다. "아무리 몸이 좀 아파도 집은 정리해놓고 있어야지. 나 원 참, 이러니 밖에서 되는 일이 있겠어!"

인간의 마음은 이렇게 변한다. 아무리 사랑하는 사이라도 변한다. 그러나 변치 않는 마음으로 우리를 사랑하시는 분이 계신다. 바로 예수 그리스도다. 주님은 우리를 존재 자체만으로도 귀하게 여기시고 영원히 한결같은 마음으로 사랑하신다.

사람은 물건처럼 쓸모에 따라 그 가치가 결정되는 것이 아니다. 그저 존재한다는 사실만으로도 거룩하고 존귀한 존재이다. 온 우주와 바꿀 수 없는 귀한 영혼이다. 자본주의 사회에서 살아가는 우리는 오직 이용 가치에 따라 사물과 사람을 판단하는 데 길들어왔다. 그러나 하나님은 그런 분이 아니다. 오히려 하나님은 쓸모없는 사람들을 불쌍히 여기시고, 그래서 더 귀히 여기신다는 것을 성경 곳곳을 통해 알 수 있다. 그러므로 그리스도인은 쓸모없는 사람, 연약한 사람을 더욱 사랑하는 법을 배워야 한다. 아니 존재하는 모든 것을 사랑하고 품는 법을 배워야 한다.

이는 가정에서부터 실천해야 한다. 남편은 아내를, 아내는 남편을, 부모는 자녀를, 자녀는 부모를 사랑하는 데 애쓰라. 가족을 사랑하지 못하면서 어떻게 다른 사람들을 사랑할 수 있겠는가.

하나님은 가정에서 기쁨이 비롯되어 모든 생명이 풍성한 기쁨을 누리기를 원하신다. 또한 우리가 가정과 사회 속에 풍성한 생명의 열매를 맺어서 하나님께 영광과 기쁨을 돌리고, 많은 사람을 유익하게 할 수 있기를 간절히 바라신다. 우리를 향한 주님의 한결같은 사랑을 따라 사랑을 실천하며 사는 것이 곧 제자의 삶이고, 하나님께 쓰임받는 삶이다. 하나님께 쓰임받는다는 것은 거창하거나 위대하거나 뽐내는 것이 아니다. 자신이 서 있는 곳에서 주님이 자신을 사랑하신 것을 생각하며 다른 사람들을 사랑하면 된다. 하나님께 쓰임받는다고 교만해서는 안 된다. 스스로 하나님께 쓰임받는다고 떠벌리는 사람들은 참으로 쓰임받는 사람이 아니다. 하나님께 쓰임받는다는 것이 결코 자랑하거나 우쭐거릴 내용이 아님은 마태복음 21장 1~9절을 통해 살펴볼 수 있다.

예수님이 예루살렘 성전으로 입성하실 때, 많은 군중이 겉옷을 벗어 길에 깔고 종려나무 가지를 흔들면서 예수님을 크게 환영하였다. 그래서 우리는 이날을 기념하여 '종려주일'이라 부른다. 그런데 예루살렘 입성 때 종려보다 더 중요한 역할을 한 존재가 있다. 예수님을 크게 환호한 군중을 말하는 것일까? 아니다. 물론 이날 군중의 환호가 없었다면, 예수님의 행차가 초라했을 것이다. 그리고 성경에 이 사건이 이처럼 상세히 기록되지 않았을지도 모른다. 하지만 종려나무를 들고 주님을 환영하던 그 군중은 얼마 지나지 않아 바로 그 손으로 "예수를 십자가에 못 박으라"고 비난한다. 그렇다면 아무 말 없이 조용히 쓰임받은 중요한 존재는 무엇이었을까? 바로 나귀였다.

나귀는 아무런 자랑과 원망도 없이, 묵묵히 예수님을 위해 봉사하였다. 마태복음 21장 3절에 보면 "만일 누가 무슨 말을 하거든 주가 쓰시겠다 하라"는 말씀이 나온다. 왜 예수님은 이날 작은 나귀를 타고 예루살렘에 입성하셨을까? 아니, 왜 그 나귀는 주님께 쓰임받았을까?

<h2 style="color:green">매여 있어서
쓰임받았다</h2>

너희는 맞은편 마을로 가라 그리하면 곧 매인 나귀와 나귀 새끼가 함께 있는 것을 보리니 풀어 내게로 끌고 오라(마 21:2).

들에 뛰노는 야생마를 잡아서 타고 갈 수는 없다. 길들여지지 않고 매여 있지 않은 동물을 쓸 수는 없다. 나귀는 오랫동안 짐을 지고 나르는 일에 쓰임을 받았고, 또다시 쓰임받기 위해 매여 있었다.

우리는 모두 자유롭기를 원한다. 자유는 빵보다 더 귀하다. 인류의 역사는 자유 쟁취의 역사, 해방의 역사이다. 오늘날 인류는 자유가 없는 평등보다는 평등이 없는 자유를 더 원하고 있다. 그만큼 자유는 소중한 것이다. 하지만 인간은 모든 책임과 헌신, 구속에서 벗어나 절대적인 자유를 누릴 수는 없다. 절대적인 자유란 피상적인 관념이나 허구적인 망상이다. 인간은 무엇이든지 마음대로 행할 수 없다. 아무것에도 매이지 않고 살 수는 없다. 예수님은 "진리가 우리를 자유케 한다"고 말씀하셨다. 즉, 우리가 진리에 매일 때에만 진정 자유로울 수 있다는 말이다. 절대적인 자유인은 없다.

루터는 그의 유명한 논문 〈노예 의지에 관하여〉에서 인간을 말에 비유하였다. 인간이라는 말 위에 하나님이 아니면 마귀가 올라 타 있으며, 아무도 올라 타 있지 않은 말은 없다는 것이다. 인간은 숙명적으로 더 높은 주인에게 속해 있고, 그의 지배를 받는다는 것이다.

인간 해방과 자유를 외치는 사람도 더 높은 다른 가치를 추구하며 그것에 매이고 만다. 오늘날의 열렬한 자유주의자, 시장경제주의자들은 대개 돈이나 쾌락 등의 노예가 되어 있다. 미국이 주창하는 자유도 속을 들여다보면, 자본이나 권력을 보호하고 확장하려는 욕심을 포장한 경우가 많다. 우리는 참된 주인을 모실 때에만 참

으로 자유로울 수 있다. 더 높은 가치와 이상에 매여 있을 때만, 저
열하고 부패한 것에서 자유로울 수 있다. 진정한 자유를 원한다면,
주님께 귀하게 쓰임받으려면, 진리와 길로 오신 주님께 반드시 매
여야 한다. 주님을 먼저 생각하고, 주님의 말씀을 먼저 듣기를 노력
해야 한다. 항상 "주님이라면 어떻게 하셨을까?" 생각하고, 주님의
눈과 마음으로 세상을 보도록 노력해야 한다. 주님은 바로 이런 사
람들을 크고 귀하게 쓰신다.

멍에를 메어서 쓰임받았다

시온 딸에게 이르기를 네 왕이 네게 임하나니 그는 겸손하여
나귀, 곧 멍에 메는 짐승의 새끼를 탔도다 하라 하였느니라(마
21:5).

멍에는 자유의 반대이다. 멍에는 주인이 짐승을 부리기 위하여
장치한 도구이다. 누가 멍에 지는 것을 좋아하겠는가? 하지만 멍에
를 메지 않는 말이나 나귀는 농업이나 운송에 유용하게 쓰임받을

수 없다. 그리스도인에게 멍에는 곧 '십자가'이다. 십자가의 길을 걷기 위해 예수님이 사용하신 것은 멍에를 멘 나귀였다. 예수님은 그분의 멍에로 우리의 멍에를 벗기셨다. "고통의 멍에 벗으려고 예수께로 나갑니다"라는 찬송이 있다. 예수님은 우리의 고통과 근심, 죄와 죽음의 멍에를 벗겨주기 위해 친히 십자가의 멍에를 지셨다. 그러므로 우리가 져야 할 가장 큰 멍에도 바로 우리에게 주어진 십자가이다.

무리와 제자들을 불러 이르시되 누구든지 나를 따라오려거든 자기를 부인하고 자기 십자가를 지고 나를 따를 것이니라(막 8:34).

본회퍼는《나를 따르라》는 책에서 다음과 같이 말하였다.

십자가는 부자유나 어두운 숙명이 아니다. 오히려 예수 그리스도께 매임으로 생기는 고난이다. 십자가는 우연한 고난이 아니라 필연적이다. 십자가를 지지 않는 그리스도인은 없다. 자신의 완고한 고집을 죽인 자만이 그리스도를 따를 수 있다. 그리고 그리스도인은 다른 사람을 대신하여 죄와 허물을 지고 가야 한다. 그리스도인은 남의 짐을 대신 지는 사람이다. 주님의 멍에와 짐은

지금 우리 사회에서 십자가는 몇 가지 의미로 쓰인다. 무덤가에
꽂혀 있는 십자가는 영생을 약속하는 뜻이다. 병원을 상징하는 푸
른색 십자가는 질병에서의 구원을 뜻한다. 붉은색의 십자가는 우
리 사회의 모든 인간 고난에 동참한다는 것을 의미한다. 교회의 십
자가는 예수 그리스도를 대신하는 것이다. 목걸이나 옷에 달고 다
니는 십자가는 '나는 예수의 제자'라는 것을 나타낸다. 북유럽 국가
인 덴마크, 노르웨이, 핀란드, 스웨덴은 국기에 모두 십자가가 있다.
이는 예수 그리스도가 이 나라의 주인이란 뜻이다.

어떤 사람이 이런 이야기를 한다. "다 자기 십자가로 생각하고
참고 살아야죠. 예수님이 '나를 따르는 자는 자기 십자가를 지고 따
르라'고 하셨는데, 이런 병도 십자가로 생각하고 견뎌야겠죠." 그
런데 문제는 지금 이 사람이 가지고 있는 병의 원인이다. 이 사람은
평소 너무 많이 먹고 식사를 불규칙적으로 해서 위장병이 생겼던
것이다. 또 어떤 사람은 이런 이야기를 한다. "저는 지금의 궁핍한
생활을 십자가로 생각하며 살고 있습니다." 한때 방탕하고 사치해
서 지금 가난하게 사는 것인데, 그것을 십자가로 생각하는 것이다.

이렇듯 자신이 잘못하여 고생하는 것을 십자가로 생각하는 사람이 있다. 물론 십자가는 고난이다. 그렇다고 해서 하나님을 믿는 사람들이 겪는 고난이 다 십자가는 아니다. 왜냐하면 자신의 분명한 잘못과 실수로 야기되는 고난도 있기 때문이다.

이처럼 십자가에는 두 종류가 있다. '착각의 십자가'와 '복음의 십자가'이다. '착각의 십자가'는 고난은 고난이되 신앙 때문에 얻게 된 고난이 아니라 욕심과 죄로 인해 생긴 고난이다. 반면 '복음의 십자가'는 잘못한 것은 없지만 예수님을 믿기 때문에 맞게 되는 고난이다. 예수님의 제자가 져야 할 십자가는 '착각의 십자가'가 아닌 '복음의 십자가'이다. 당신이 지고 있는 십자가는 '착각의 십자가'인가 '복음의 십자가'인가?

십자가는 희생을 말한다. 당신은 혹시 약삭빠르게 십자가를 피해가며 살고 있지는 않은가? "그리 마옵소서. 십자가만은 안 되겠습니다"라며 십자가를 부인하면서 살고 있지는 않은가?

주님을 따른다는 것은 '영광의 길을 따른다'는 말이 아니라 '십자가의 길을 따른다'는 말이다. 주님께서 가장 기뻐하시는 사람은 어디에 가든지 주님을 위해 기꺼이 십자가를 지는 사람이다. 신앙 생활을 할 때 십자가를 회피하면서 축복받는 길은 결코 없다. 축복을 원한다면 내게 주어진 십자가를 잘 져야 한다. 새의 날개가 무겁다고 잘라버리면 날지 못하고, 배의 돛도 무겁다고 잘라버리면 항해를 할 수 없고, 시계추도 무겁다고 떼버리면 시계가 돌아가지 않듯이, 그리스도인이 십자가가 무겁다고 던져버리면 그날로 축복의 문도 닫히게 될 것이다.

신앙생활의 정수는 십자가이다. 환상을 보고, 천국을 보고, 예언을 하고, 신유의 은사가 있는 사람들이 많다. 그런 사람들이 최고의 성도일까? 아니다. 최고의 성도는 주님을 위해 십자가를 지는 성도이다. 돈이 없고, 학력이 낮고, 외모가 아름답지 않아도 십자가를 지는 사람은 어디에 가든지 인정받고 존경받는다. 진정한 축복은 십자가의 희생 속에 있다.

살다 보면 우리는 삶이 허무하게 느껴질 때가 있다. 그때 제일 먼저 할 일은 십자가를 지는 일이다. 삶의 보람이란 섬김의 대가로 얻을 수 있는 정신적 보상이지만 공허는 자기 안일과 정욕을 위해 살다가 생긴 삶의 후유증이다. 그러므로 삶에서 보람을 느낀다는 것은 십자가를 지고 존귀하게 살고 있다는 표시이고, 삶에서 공허를 느낀다는 것은 십자가를 외면하고 비천하게 살고 있다는 표시이다. 자기를 희생해서 남에게 베풀고 살면 삶은 점차 고귀해지고, 행복도 찾아오게 될 것이다. 십자가는 모든 문제를 해결하는 기적의 불씨이다.

어느 날, 어떤 가정에 갈등이 생겼다. 남편이 아내가 교회에 나가는 것을 반대한 것이다. 아내는 너무 마음이 괴로워서 세이레(21일) 작정 새벽기도를 했다. 그리고 말씀 듣고 기도하면서 십자가 외에는 길이 없다는 것을 깨달았다. 그때부터 아내는 최선을 다해 남편을 섬겼다. 그리고 세이레 새벽기도가 끝나는 날 저녁에 진지한 대화를 나누었다. "여보! 지난 10년간 당신에게 항상 고마웠어요. 내가 좀 더 잘했어야 하는데…." 그러자 남편은 "왜 이래! 갑자기!" 하고 핀잔을 주었지만 만족하는 기색이 역력했다. 조금 더 대화를 하다가 아내가 "여보! 당신을 정말 사랑하지만 나는 신앙생활하지 않으면 살 수 없어요. 이제는 당신이 내 신앙생활을 좀 도와주세요" 라며 자기 마음을 털어놓았다.

그러자 남편이 "요즘처럼 살림 잘하려면 다녀!"라고 말했다고 한다. 그 후 더욱 기쁜 마음으로 지내다 보니 남편마저 교회에 나오게 되었다고 한다.

주님을 따라 십자가를 지면 놀라운 일이 벌어진다. 하나님은 우리를 고생시킬 목적이 아니라 축복하시기 위해 십자가를 지라고 하신 것이다. 십자가를 잘 지면 주님은 우리가 생각하고 구하는 것보다 더 넘치도록 채워주신다고 성경에서 약속하고 있다. 우리는 우리 앞에 어떤 일이 생길지 알 수 없고, 사실상 알 필요도 없다. 다

만 우리가 십자가를 지고 헌신하는 마음으로 살면 하나님이 우리
의 꿈과 비전과 미래를 붙들어주시고, 가장 복된 자리로 우리를 이
끌어주신다는 것만 알고 살면 된다.

온유했기 때문에 쓰임받았다

그는 겸손하여 나귀, 곧 멍에 메는 짐승의 새끼를 탔도다 하라 하
였느니라(마 21:5).

나귀는 말보다 몸집이 훨씬 작고 낮은 짐승이다. 예수님은 로마
장군처럼 준수한 말을 타지 않고 나귀, 그것도 나귀의 새끼를 타고
가셨다. 주님은 온유하신 분이므로, 온유한 나귀 새끼를 타셨다. 이
것은 바로 '로마의 지배에 의한 평화(Pax Romana)'에 대한 암묵적
인 도전과 비판이다. 참된 평화는 폭력과 무력을 통해 오지 않는다.
폭력은 더 큰 폭력을 낳고, 무력은 더 큰 무력을 불러들일 뿐이다.
이것이 바로 폭력의 악순환이다. 지금의 예루살렘에 참 평화가 없
는 것도 이스라엘과 팔레스타인이 폭력으로 폭력을 이기려 하기

때문이다. 폭력으로 평화를 가져오려고 하기 때문이다. 젖과 꿀이 흘러야 할 땅에 계속 피와 눈물이 흐르는 것은 바로 그 때문이다.

주님은 참 평화를 주시려고 오셨다. 참 평화는 온유한 자를 통해서 이 땅에 실현된다. 마태복음 5장 5절에서는 "온유한 자는 복이 있나니 그들이 땅을 기업으로 받을 것임이요"라고 이야기한다. 포악하던 군주와 독재자들은 그저 잠깐 영화를 누렸을 뿐이지만, 힘없는 민초들은 여기저기서 끈질긴 생명력을 이어가고 있다. 전 세계를 호령하고 지배하던 큰 권력자들도 지금은 한 치의 땅도 소유하고 있지 않다. 하지만 이 땅에서 혹독하게 박해받던 힘없는 하나님의 백성은 여전히 세계 곳곳에 건재해 있으며, 영원한 도성을 바라보고 있다. 주님은 온유한 자, 평화를 위해 일하는 자를 쓰신다. 그래서 주님은 우리 각자에게 평화의 짐, 멍에를 주신다.

수고하고 무거운 짐 진 자들아 다 내게로 오라 내가 너희를 쉬게 하리라 … 이는 내 멍에는 쉽고 내 짐은 가벼움이라 하시니라(마 11:28, 30).

주님의 멍에만이 우리에게 참된 안식을 준다. 아무런 멍에도 지지 않으려는 사람은 결국 무거운 멍에를 지고 만다. 그러나 주님이

주시는 가벼운 멍에, 십자가의 멍에, 희생과 온유와 섬김의 멍에를
지는 사람은 모든 무거운 짐을 벗고서 진정으로 자유로울 수 있다.

주님께 참으로 쓰임받기를 원하는가? 그렇다면 주님께 기꺼이
매이라. 주님이 주시는 멍에를 기쁘게 지라. 주님처럼 온유와 평화
의 사람이 되도록 간구하라. 주님이 "내가 너를 쓰겠다"고 하실 때
기꺼이 "주님, 내가 여기 있사오니 나를 쓰소서!"라고 응답할 수 있
는 사람이 되자.

비전을 준비하기 위한 원리

 매여 있으라

진정한 자유를 원한다면, 주님께 귀하게 쓰임받으려면, 진리와 길로 오신 주님께 반드시 매여야 한다. 주님을 먼저 생각하고, 주님의 말씀을 먼저 듣기를 노력해야 한다. 항상 "주님이라면 어떻게 하셨을까?" 생각하고, 주님의 눈과 마음으로 세상을 보도록 노력해야 한다. 주님은 바로 이런 사람들을 크고 귀하게 쓰신다.

⭐ 멍에를 메라

그리스도인에게 멍에는 곧 '십자가'이다. 우리는 우리 앞에 어떤 일이 생길지 알 수 없고, 사실상 알 필요도 없다. 다만 우리가 십자가를 지고 헌신하는 마음으로 살면 하나님은 우리의 꿈과 비전과 미래를 붙들어주시고, 가장 복된 자리로 우리를 이끌어주신다는 것만 알고 살면 된다. 항상 십자가를 잘 지고 승리하는 사람이 되기를 바란다.

⭐ 온유하라

주님은 참 평화를 주시려고 오셨다. 참 평화는 온유한 자를 통해서 이 땅에 실현된다. 주님은 온유한 자를 쓰신다. 주님은 평화를 위해 일하는 자를 쓰신다. 그래서 주님은 우리 각자에게 평화의 짐, 멍에를 주신다. 주님께 참으로 쓰임받기를 원하는가? 그렇다면, 주님께 기꺼이 매이라. 주님이 주시는 멍에를 기쁘게 지라. 주님처럼 온유와 평화의 사람이 되도록 노력하라.

확신 있는 사람은 확신이 없는 사람보다 성공할 확률이 두 배나 높다.

앤드류 카네기

9장

하나님께 찍힌 사람이 되자

성경은 하나님 눈에 특별하게 들어온 사람들의 기록부이다. 하나님이 특별하게 보신 사람들의 이야기가 성경 이야기다.

집회를 다니다 보면 말씀을 선포하다가 눈에 딱 들어오는 성도들이 있다. 물론 처음에는 튀는 옷을 입거나 독특한 액세서리를 하고 있는 사람, 특이한 행동을 하는 사람들이 눈에 들어온다. 그러나 시간이 흐르면 이런 사람들보다도 앞으로 몸을 기울여 한 마디라도 더 잘 들으려는 사람에게 시선이 자주 머물게 되고, "아멘"을 열심히 하는 성도가 눈에 더 들어온다. 헌금을 매시간 정성껏 드리는 사람도 눈에 들어온다. 기도할 때 눈물을 주르르 흘리며 진실하게 기도하는 성도도 눈에 들어온다. 아무리 사람이 많아도 눈에 들어오는 사람은 반드시 있게 마련이다.

하나님의 눈에도 그렇다. 그분의 눈에도 유난히 띄는 사람들이 있을 것이다. 이왕이면 하나님을 등지고 살다가 부정적으로 눈에 띄는 것이 아니라 하나님께 열심히 봉사하다가 긍정적인 면에서 눈에 띄는 사람이 되자.

마가복음 12장 41~44절 말씀을 보면 예루살렘 성전 앞에 있는 여인의 뜰이 나온다. 그 뜰에는 헌금함이 13개 놓여 있었고, 수많은 사람이 그 헌금함에 헌금을 넣고 있었다. 예수님은 조금 떨어진 곳에서 사람들이 헌금을 드리는 모습을 지켜보고 계셨다.

무리가 어떻게 헌금함에 돈 넣는가를 보실새 여러 부자는 많이 넣는데(막 12:41).

무리가 헌금을 드렸는데 그중에는 부자들이 많았고, 부자들은 당연히 헌금을 많이 드렸다. 그런데 수많은 무리 가운데 예수님의 눈에 들어온 사람이 한 명 있었다. 가난한 과부였다. 그 과부는 단지 두 렙돈을 헌금하였다. 우리나라 돈으로 말하면 천 원 정도 되는 돈이었다. 그런데 예수님은 이렇게 말씀하셨다.

가난한 과부가 헌금하는 모습이 예수님의 눈에 띄었다. 그렇다면 도대체 예수님의 눈에 드는 사람은 어떤 사람일까? 예수님은 어떤 사람을 유심히 보실까?

희생하는 사람이 눈에 들어온다

암스테르담의 성 니콜라스 성당에서 들려오는 청아한 종소리는 여행객들의 마음을 사로잡는다고 한다. 어느 날 한 여행자가 그 아름다운 종소리의 근원을 찾아서 예배당 종탑으로 올라갔다. 그곳에서는 청년이 흰 장갑을 낀 채 커다란 오르간을 연주하고 있었다. 청년은 큰 건반을 두드리느라 땀을 뻘뻘 흘렸다. 종탑 안은 차임벨과

오르간 소리가 범벅이 되어 고막을 찢을 듯한 파열음을 만들어내고 있었다. 여행객이 청년에게 말했다.

"종탑 안이 너무 시끄럽고 분주하군요."

청년은 이마의 땀을 닦으며 대답했다.

"종탑 안에서는 고통스러운 불협화음일 뿐입니다. 그러나 밖에서는 아름다운 종소리로 들린답니다."

암스테르담의 하늘을 달콤한 음악으로 가득 채우는 니콜라스 성당의 종소리는 한 청년의 땀과 희생에서 나온 것이었다. 세상은 이런 숭고한 희생자들의 수고에 의해 향기를 발한다. 그리고 하나님은 이런 희생자를 눈여겨보신다.

마가복음 12장의 말씀에서 수많은 무리 가운데 그 과부가 예수님의 눈에 들어오게 된 것도 바로 희생 때문이었다. 부자들은 많은 재산의 일부를 헌금으로 드린 것이지만 그 과부는 생활비 전부를 드린 것이었다.

미국의 포드라는 목사는 교회 건축을 3년 만에 마치고 나서 온 교인들과 함께 기뻐했다. 그리고 그동안 성전 건축에 노고가 많았던 사람들을 1명씩 떠올리며 골방에서 축복기도를 하고 있었다. 그는 특별히 헌금을 많이 한 사람들 명단을 보며 그들을 축복해달라고 하나님께 간절히 기도하고 있었다. 이때 조용한 가운데 주님의 음성이 들렸다.

"너는 내 집을 지을 때 형식적으로 자기 재산의 일부를 내놓은 사람들의 이름만 놓고 기도하고 있구나! 그러나 내가 특별히 기억하는 사람은 다른 사람이란다."

"주님! 그 사람이 누구입니까?"

"너희가 가난하다고 은근히 무시하는 마이클이다. 너희는 아무도 몰랐을 테지만, 마이클은 성전을 지을 때부터 지금까지 하루도 안 빠지고 기도하면서 매일 힘들게 벌어들인 일당으로 벽돌을 몇 장씩 사다놓았다. 그래서 내가 가장 특별히 기억하는 사람은 마이클이다."

하나님은 겉으로 드러나는 것이 아니라 마음의 중심을 보시는 분이다. 자기 것을 희생하면서 하나님을 기쁘게 해드리고 하나님께 영광 돌리고자 애쓰는 사람이 그분의 눈에 띨 수밖에 없다.

자신 있게 사는 사람이
눈에 들어온다
—

과부가 예수님 눈에 들어온 또 다른 이유는 자신 있고 당당하게 살아가는 모습 때문이었다. 부자들은 스스로 많이 바친다고 생각했기에 당당하게 헌금을 드렸을 것이다. 그러나 가난한 과부는 두 렙돈이라는 적은 돈을 헌금으로 드렸지만, 그것은 곧 자신의 최선을 드리는 것이었기에 부끄러워하지 않고 당당하게 드렸다.

"제가 가진 것은 두 렙돈밖에 없습니다. 하나님은 중심을 보시는 분이기에 제 심정을 아실 것입니다. 이 돈이 저의 전 재산이기에 예물을 드리고 나면 돈을 벌어야 저녁을 먹을 수 있습니다. 액수로만 봤을 때는 굉장히 적은 돈입니다. 그러나 받아주옵소서!"

과부의 이러한 당당함이 예수님 눈에 들어온 것이다. 주님 안에서 당당하고 자신 있게 살아가는 사람이 되자. 주님 앞에서 양심적으로 신앙생활을 하고 온전한 예물을 드려보라. 하나님을 온전히 신뢰하고 그분의 말씀에 귀 기울이며 순종하라. 무엇을 하든 당당해지고, 자신감이 생길 것이다.

미국 콜로라도 주, 스프링필드 근처에는 지형이 높고 아주 험한 고갯길이 하나 있다. 차가 통과하기 어려운 고개여서 사고도 종종 발생한다. 그래서 이곳을 지나가야 할 차들이 그 지형만 보고도 지레 겁을 먹고 돌아가기 일쑤였다. 도로 자체는 도시와 도시를 잇는 요충지였지만 이처럼 사람들이 왕래를 꺼리는 탓에 이 도로는 차츰 폐쇄 위기에 이르렀다.

그런데 이 험악한 고갯길에 언제부터인가 "Yes, You Can!"이란 팻말이 세워졌다. 고갯길을 지나려던 모든 운전자가 고개 입구에 다다르면 이 팻말부터 보게 된다.

그들은 지레 겁을 먹었던 예전과는 달리 '그래, 나도 할 수 있을 거야!' 하는 자신감을 갖고 무사히 넘어갈 궁리를 하게 되었다.

"당신도 할 수 있다"는 이 짧은 문장 하나가 엄청난 반향을 불러일으켜 마침내 그 고갯길은 더 이상 공포의 길이 아니라 누구나 넘을 수 있는 길이 되었다.

모든 것은 마음먹기에 달렸다. 할 수 있다고 하면 할 수 있고, 처음부터 할 수 없다고 하면 할 수 없다. "믿는 자는 능치 못할 일이 없느니라!" 하고 주님이 말씀하셨다. 주님의 약속을 신뢰하고, 말씀의 능력을 믿고 자신 있게 살아가자.

심리학자 말츠가 조사한 통계를 보면 98퍼센트의 사람들이 열등감에 빠져 산다고 한다. 하지만 그리스도인은 그럴 필요가 없다. 어떤 경우에도 열등감에 빠지지 않고 하나님 안에서 존귀한 존재로 살아갈 수 있다.

미국의 한 여론조사 기관이 "당신의 외모를 바꿀 수 있다면 바꾸겠는가?"라는 설문조사를 실시했다. 그에 대해 남성 응답자의 94퍼센트, 여성 응답자의 99퍼센트가 "그렇게 하겠다"고 대답했다.

오늘날 이 땅에 살고 있는 대부분의 사람은 자신의 외모를 포함하여 인생에 대해 전반적으로 만족하지 못하고 있다. 이런 불만족은 병적인 열등감으로 이어지기도 한다.

성 아우구스티누스는 "인간은 높은 산과 바다의 거대한 파도와 굽이치는 강물과 광활한 태양과 무수히 반짝이는 별들을 볼 때는 경탄하면서, 정작 가장 경탄해야 할 자기 자신의 존재에 대해서는 경탄하지 않는다"라는 말을 남겼다. 모태에서 형성되는 뼈대나 외형은 인간의 노력으로는 절대 만들 수 없다. 자신이 하나님의 놀라운 능력으로 지어진 오묘한 존재이며 걸작 중의 걸작임을 인정하라. 당당한 자신감으로 하나님의 걸작품답게 살아가는 것이 믿는 우리가 가져야 할 삶의 자세이다.

요즘 자기 자신을 잃어버리고 사는 사람이 너무 많다. 그러나 하나님은 자신감이 있고 자기 존재의 가치를 분명히 아는 사람을 눈여겨보신다. 온전한 신앙생활을 통해 하나님 앞에 떳떳하고 당당하게 살며 하나님의 마음에 쏙 드는 사람이 되자

믿음이 남다른 사람이
눈에 들어온다

—

헌금을 드린 수많은 사람 가운데 과부가 예수님 눈에 들어온 또 다른 이유가 있었다. 믿음이 남달랐기 때문이다.

그녀는 남편이 돈을 벌어다주는 것이 아니라 자기 스스로 벌어서 생활을 꾸려야 하는 과부였다. 게다가 그녀가 드린 헌금은 생필품을 사고 남은 돈이 아니라 지금 당장 먹고 살기 위해 사용해야 하는 생활비였다. 믿음이 없이는 도저히 불가능한 헌금이었다. 그녀가 생활비 전부를 바친 것은 하나님께서 책임져주실 것이라는 믿음이 있었기에 가능한 것이었다. 이런 믿음이 예수님의 눈에 들어온 것이다.

어느 환자가 병원에 누워 있었다. 목사님이 심방 가서 기도하기 전에 물었다. "저는 지금 하나님께 당신을 낫게 해달라고 기도할

것입니다. 그러면 당신은 내일 아침 어디에 있을 겁니까?" 그 환자
는 아무렇지 않게 대답했다. "내일 아침에도 저는 이 침대에 누워
있을 겁니다." 이 말을 듣고 목사님이 말했다. "그러면 기도해도 소
용없겠군요. 기도하지 않겠습니다." 그러자 환자는 믿음이 없음을
회개하면서 말했다. "목사님! 믿음이 없음을 용서해주십시오. 기도
받기 전에 사장님께 전화부터 드리겠습니다." 그러더니 침대 옆에
있는 전화기를 들어 말했다. "사장님! 저 내일 출근할 겁니다. 목사
님이 오셔서 기도해주시거든요." 이 말을 듣고 목사님은 기도했고,
물론 그 환자는 완치하여 이튿날 출근할 수 있었다.

희생이 남다른 사람, 당당함이 남다른 사람, 믿음이 남다른 사람
이 하나님 눈에 들어온다. 하나님 눈에 긍정적으로 비춰져서 생명
책에 당당하게 기록되고 하나님 나라 백성답게 늘 승리의 인생을
사는 사람이 되자.

자신이 과연 하나님 눈에 긍정적으로 들어올 사람인지 스스로의
모습을 돌아보자. 혹시 하나님 눈 밖에 나는 모습으로 하나님의 얼
굴을 찡그리게 만들지는 않았는지 반성해보자. 그리고 이제부터라
도 신앙생활을 온전히 하여 하나님 보시기에 합당한, 하나님 마음
에 쏙 드는 자로 살아가도록 결단하자.

비전을 준비하기 위한 원리

⭐ 희생하는 사람이 되자

하나님께서는 남다르게 희생할 줄 아는 사람을 주목하신다. 마가복음 12장 41~44절 말씀에서 예수님이 수많은 무리 가운데 한 과부를 주목하신 이유도 바로 희생 때문이었다. 부자들에 비해 굉장히 적은 돈을 헌금했지만 자신의 전 재산인 생활비를 드린 과부의 희생이 예수님 눈에 들어왔다. 하나님은 마음의 중심을 보시는 분이다. 자기 것을 희생하면서 하나님을 기쁘게 해드리고 하나님께 영광 돌리고자 애쓰는 사람이 그분 눈에 띌 수밖에 없다.

⭐ 자신 있게 살자

주님 안에서 당당하고 자신 있게 살아가는 사람이 되자. 주님 앞에서 양심적으로 신앙생활을 하고 온전한 예물을 드려보라. 하나님을 온전히 신뢰하고 그분의 말씀에 귀 기울이며 순종하라. 무엇을 하든 당당해지고, 자신감이 생길 것이다.

⭐ 남다른 믿음을 가지자

하나님은 남다른 믿음을 가진 사람을 주목하시고 축복하신다. 하루 벌어 하루 먹고사는 과부가 자신이 가지고 있던 생활비를 모두 헌금으로 바칠 수 있었던 것은, 하나님께서 책임져주신다는 믿음이 있었기에 가능했다. 당신도 하나님의 능력을 온전히 믿고, 그분의 축복하심을 경험하라.

PART **3**

영향력을 발휘하라

하나님의 말씀대로 살았더니 하나님께서 나를 대통령으로 만들어주셨다.

에이브러햄 링컨

10장

사명대로 살자

미얀마에서 선교사로 활동하던 메이슨 의사가 부족을 가르칠 교사를 구하고 있었다. 마침 적당한 사람을 찾아서 메이슨은 그에게 교사로 미얀마에 가면 매달 5루피를 받을 것이라고 말하며 함께 가겠느냐고 물었다. 뱃사공이었던 그는 시간을 달라고 했다. 그는 사공 일을 하면서 매달 20루피를 벌고 있었다. 뱃사공은 며칠간 기도한 후에 메이슨을 찾아갔다. 메이슨은 다시 물었다. "결정했습니까? 한 달에 5루피를 받으며 가겠습니까?" 그러자 사공이 대답했다. "아닙니다. 한 달에 5루피를 받으려고 가고 싶지는 않습니다. 다만 예수님을 위하여 가겠습니다."

오직 예수를 위하여 움직이는 것, 하나님의 영광을 위하여 사는 것, 이것이 사명이다. 사명을 아는 사람은 돈이나 물질에 구애받지 않는다.

1950년대 세계 선교의 영웅 짐 엘리어트가 정글에서 피를 흘린 후 발견된 그의 일기장에는 이런 말이 적혀 있었다.

나의 사명은 이 세상에 하나님의 발자국을 남기는 것이다. … 결코 놓쳐서는 안 되는 일을 위해 끝까지 붙들고 있을 수 없는 것들을 버리는 사람은 결코 어리석은 사람이 아니다.

역사 속에서 하나님의 위대한 발자취를 남기기 위해, 하나님께 쓰임받는 삶을 살기 위해 청춘과 부, 명예, 권력을 버릴 수 있는 사람은 결코 어리석지 않다는 것이다. 그는 계속해서 다음과 같이 고백한다.

주님, 오래 살기를 구하지 않습니다. 다만 주님을 위해서 내 삶이 불타기를 원합니다.

그는 자신의 사명이 무엇인지 아는 사람이었다. 그리스도인의 사명은 오직 하나님께 영광 돌리는 것이다. 무슨 일을 하든지 어려울 때나 좋을 때나 자신이 있는 그곳에서 하나님께 영광 돌리는 사명자로서의 복된 인생을 살자.

요한복음 17장 1~5절에 가장 많이 나오는 단어는 '영광'이다. 이 짧은 구절에 5번이나 나온다. 예수님의 소원과 기도 제목은 '아버지께 영광 돌리는 것'이었다. 당신의 소원과 기도 제목은 무엇인가? 우리도 예수님처럼 이러한 기도 제목과 삶의 자세를 가져야 한다. 비록 경제적으로나 사회적으로나 어려운 현실을 살아가고 있지만 자신이 있는 자리에서 하나님께 영광 돌리며 살겠다는 평생의 사명을 다짐하자. 그렇다면 구체적으로 어떻게 해야 하나님께 구체적으로 영광 돌리며 살아갈 수 있을까?

삶의 목적이 분명해야 한다

아버지께서 내게 하라고 주신 일을 내가 이루어 아버지를 이 세상에서 영화롭게 하였사오니(요 17:4).

주님은 삶의 목적을 분명히 깨달았기에 하나님께 영광 돌리는 삶을 사실 수 있었다. 우리도 인생의 목적을 명확하고 확실하게 정해야 한다.

시애틀에 '황색 빌게이츠'라 불리는 한국인 출신 억만장자가 있다. 바로 애리스(Aris) 사를 설립한 송영욱 회장이다. 그는 27살의 젊은 나이에 부인과 함께 단돈 천 달러를 가지고 정보시스템 컨설팅 회사인 애리스 사를 세웠다. 그런데 10년도 안 되어 직원 900명에 연간 매출액이 1억 1천만 달러를 넘는 커다란 회사로 성장시켰다. 그는 성공한 이유를 그의 가족과 자신의 기도 때문이라고 당당하게 말한다.

그의 아버지는 목사였다. 어머니는 온종일 아버지의 목회를 돕고 교회 일을 하느라 자녀들을 제대로 챙길 시간이 많지 않았다. 대신 기도할 때마다 우리 자녀들을 하나님께서 직접 키워달라고 했다. 그리고 자녀들에게는 "너희는 미국에서 크게 성공해 하나님과 한국의 이름을 빛내야 한다"고 가르쳤다.

그러한 가르침을 받고 자란 송영욱 회장은 하나님께 영광 돌리는 도구로 쓰임받게 해달라고 간절히 기도하며 열심히 노력했다. 그가 애리스 사를 창립할 때도 돈 많이 벌어 멋지게 살아보겠다고 생각한 것이 아니라 세계 최대의 기업을 일궈내 하나님께 영광 돌리겠다고 생각하며 사업을 시작했다. 송영욱 회장의 성공 스토리와 간증이 담긴 책인《꿈을 가진 사람들의 세상》을 읽고 많은 그리스도인이 큰 감동을 받았다. 감동받은 사람들을 대상으로 그 이유를 조사했는데 결과가 인상적이었다. 많은 사람이 감동받은 이유는 그가 돈을 많이 벌었다는 것 때문이 아니었다. 열심히 기도했다는 것 때문도 아니었다. 부모님의 투철한 신앙 교육 때문도 아니었다. 미국으로 이민 온 사람이 크게 성공하였다는 것 때문도 아니었다. 그의 책이 많은 사람에게 감동을 준 것은, 그가 평생을 통하여 이룰 삶의 목적을 분명히 알고 살아가고 있다는 것이었다. 즉 그는 자신의 사명이 무엇인지에 대해서 확고하게 알고 있는 사람이었다. 그는 자신을 온전히 하나님께 드렸기에, 높은 사회적 위치에 있으면서도 매스컴을 통하여 조금도 주저하지 않고 하나님을 향한 자신의 신앙을 분명하게 밝혔다.

우리가 하나님의 자녀로 어디에서 무슨 일을 하며 살든지 하나님께 자신을 온전히 드리면 그분께 영광 돌릴 수 있게 된다. 하나님께서는 우리를 하나님의 형상대로 창조하셨고, 우리가 이 땅에서 만물을 다스리며 행복하게 살기를 원하신다. 그러므로 끝까지 하나님을 모시고 하나님의 명령에 순종하는 삶으로 하나님께 영광을 돌려야 한다. "하나님 저에게 물질의 복을 주시면 하나님께 영광 돌리겠습니다"라고 기도하기 전에, 하나님께서 이미 나에게 주신 것으로 하나님께 영광을 돌리며 살아야 한다. 그렇게 하려면 하나님의 영광을 가리는 것들을 하나씩 제거하고 하나님의 형상을 회복하여 변화하는 모습으로 하나님께 영광을 돌려야 한다.

삶의 목적을 다시 한 번 점검해보라. 믿음의 사람은 되는 대로 살면 안 된다. 자신을 통해 하나님께서 어떻게 영광 받기를 원하시는지 진지하게 묵상해보라. 과거에 어떻게 살아왔든 남은 인생이라도 하나님의 영광을 마음껏 드러내며 살겠다고 결단하라. 확실한 삶의 목적을 설정하여 하나님께 영광 돌릴 수 있는 기초를 다지라.

은사는 하나님이 주신 것임을 알아야 한다

요한복음 17장 4절을 보면 "아버지께서 내게 하라고 주신 일"이라는 표현이 나온다. 내가 하는 일은 스스로 잘나서 하는 것이 아니다. 아버지께서 내게 하라고 주신 일이다. 따라서 우리는 사명감을 가지고 일해야 한다. 그럴 때 더욱 신나게 일하고 삶의 보람을 느낄 수 있을 것이다.

타이완에서 26살 된 우편배달부가 연말에 배달할 우편물이 너무 많아서 수천 통의 편지를 태우다 적발된 적이 있다. 사람이 이렇게 살아서야 되겠는가? 하는 일이 때때로 힘들고 어려워도, 자신이 원해서 택했든 어쩔 수 없이 해야 되는 상황이었든 주어진 일에 대해 소명의식을 가져야 한다.

각각 은사를 받은 대로 하나님의 여러 가지 은혜를 맡은 선한 청지기같이 서로 봉사하라(벧전 4:10).

참된 그리스도인들은 어떠한 일을 하든, 하나님이 나에게 일을 맡겨주셨으니 잘 관리해야 한다는 마음으로 일을 감당해야 한다.

저는 땅에서 아버지를 영광되게 하였고, 아버지께서 제게 하라고 주신 일을 완전히 행하였습니다(요 17:4, 쉬운 성경).

예수님이 맡은 일은 십자가를 지고 죽는 일이었다. 예수님도 할 수만 있다면 그 십자가를 피하고 싶으셨을지도 모른다. 그러나 하나님의 뜻에 순종하기 위해 십자가를 지고 죽으심으로 그분께 영광을 돌리셨다.

하나님께서는 우리에게 이미 여러 가지 은사를 주셨다. 왜 은사를 주셨는가? 그 은사를 가지고 하나님께 영광 돌리라고 주신 것이다. 그런데 주님의 일을 효과적으로 하라고 주신 은사를 내 것이라고 생각해서는 안 된다. 예수님 때문에 주어진 일을 내 일이라고 해서도 안 된다. 주신 것을 사용하여 하나님께 영광 돌려야 한다. 하나님은 우리를 하나님의 자녀로 부르시면서 동시에 하나님의 일꾼으로도 부르셨다. 이 땅에서 해야 할 일을 우리에게 주시고 그 일을 통해 영광받기를 원하신다.

하나님이 당신에게 주신 것이 무엇인가? 학문인가, 물질인가, 건강인가, 명예인가? 이미 주신 것으로 먼저 하나님께 영광 돌리는 삶을 살아가도록 힘쓰라. 우리에게 주어진 것은 모두 하나님의 은혜이다. 심지어 우리의 건강과 생명까지도 주님께서 피 흘려 값 주고 사신 것이라는 사실을 한순간도 잊지 마라. 당신에게 주어진 모든 것을 하나님의 영광을 위해 아낌없이 쓰면 세상에서 가장 고귀해진다는 것을 믿으라. 지금 당신이 하고 있는 일은 하나님이 주신 일이라는 생각으로 매사에 승리하라.

예수님의 삶의 목적은 인류의 구원을 이루기 위한 십자가의 길이었다. 예수님을 믿는다면 우리 인생의 목적과 사명도 영혼 구원, 생명 구원이 되어야 한다. 이것이 교회의 본질이요, 그리스도인의 본질이다.

지난 2003년 8월, 인간문화재 국악인 박동진 장로님이 87살의 나이로 세상을 떠났다. 텔레비전 광고에서 "제비 몰러 나간다! 우리 것은 좋은 것이여!"라고 외쳐 널리 알려진 박 장로님은 원래 불교인이었다. 그런데 어느 해 성탄절에 기독교 방송국에서 '예수님의 일생'을 판소리로 부르다가 그 내용에 스스로 감동을 받아서 엉엉 울었다고 한다. 그러고 나서 예수님을 영접하게 되었고 '예수 소리꾼'으로 변신했다. 그 후 돌아가실 때까지 30여 년을 판소리로 복음을 전하였다. 하나님의 은혜를 받은 후에 하나님께 받은 재능으로 그분께 영광 돌리며 살겠다고 결단한 것이다. 노후에는 충남 공주에 있는 자신의 판소리 전수관 뒤에 마련해놓은 밭 5백여 평에 마을 주민을 위한 교회와 은퇴 선교사들이 노후를 보낼 수 있는 휴양관을 지었다. 그리고 전수관에서 수련 중인 문하생들이나 앞으로 그 교회에서 배출되는 일꾼들이 땅 끝까지 복음을 전하도록 가르치겠다는 사명을 평생 가지고 살았다.

당신은 어떤 사명을 가지고 사는가? 당신의 평생 사명을 떳떳하게 말할 수 있는가? 당신에게 주어진 사명 가운데 가장 가치 있는 일이 무엇인가? 그것은 죽어가는 생명을 구원하는 일에 쓰임받는 것이다. 사람을 변화시키고 세상을 변화시켜 하나님께 영광 돌린 사람들은 한결같이 영혼 구원, 생명 구원에 대해 분명한 사명감을 가지고 살았다. 하나님은 우리를 자녀라 부르신 후 그 기쁜 소식을 증거하는 사명자로 택하셨다. 세상을 살아가면서 하나님께 영광 돌리는 일 중 가장 귀한 것은 죄악으로 멸망당할 수밖에 없는 생명을 구원하여 하나님의 자녀를 삼음으로 영광 돌리는 것이다.

동독의 공산정권 아래서 라이프치히에 있는 성 니콜라이 교회의 퓨헤라 목사를 중심으로 월요 기도회가 열렸다. 처음에는 불과 50여 명이 모여 나라와 민족의 복음화를 위해 기도했다. 그런데 기도회에 참석하는 사람들이 점점 늘어나 공산정권이 무너지기 직전에는 10만 명의 대규모 인원이 모이는 기도회가 되었다. 그들이 기도하기 위해 모일 때 공산 경찰들이 곤봉으로 무차별 구타하면 그 누구도 맞서는 사람 없이 그대로 맞고, 잡아가면 아무 저항 없이 감옥으로 끌려들어가며 그 기도회는 계속되었다. “공산화된 이 땅을 구원하소서. 죽어가는 생명들에게 구원을 베풀어주소서, 영혼 구원을 갈망합니다. 황무지 같은 이 땅이 복음화되기를 원합니다." 그렇게 기도하며 헌신하는 하나님의 사람들을 통해 결국 동독과 서독이 하나의 독일이 되는 기적적인 일이 이루어지게 된 것이다. 그 후 수많은 동독 사람이 예수를 믿게 되었고, 과거 서독 사람들보다 더욱 열정적인 복음의 사람들로 변모되었다는 통계도 있다.

독일의 퓨헤라 목사뿐만 아니라 루마니아에는 리처드 범브란트 목사가, 불가리아에는 하랄란포프 목사가 있었다. 생명에 대한 사랑과 복음에 대한 열정으로 자신을 아낌없이 드린 소수의 헌신적인 사람들에 의하여 영혼 구원을 가로막는 공산주의가 무너지는 기적이 일어난 것이다. 그리고 그 무너진 공산주의 터전 위에 교회들이 세워지고 많은 사람이 구원을 얻는 기적이 지금도 일어나고 있다.

영혼 구원을 위한 불타는 열정을 가지고 기도하자. 우리 민족의 복음화를 위해 기도하자. 이 나라 이 민족도 반드시 복음으로 변화되는 나라가 되고, 민족이 될 것이다.

당신의 가정과 회사, 사업체, 학교, 교회에 바로 당신 때문에 놀라운 구원의 역사가 활발하게 일어나 하나님께 영광 돌리게 되기를 소망한다. 하나님께 열심히 구하고 그분의 영광을 위해 살면 당신이 머무는 곳에도 당신 한 사람 때문에 놀라운 역사가 얼마든지 일어날 수 있다는 자부심을 가지고 하나님께 충성하자. 우리 생애에 가장 가치 있는 일은 생명을 구원하는 일이라는 것을 기억하고 그 일에 우리가 쓰임받아야 한다는 사실을 믿고 간절히 구하자.

스스로 질문해보라. '내 평생 사명은 무엇인가? 나는 무엇을 위하여 남은 인생을 바칠 것인가? 어떻게 하면 하나님이 내게 주신 것으로 하나님께 영광 돌리며 살 수 있을 것인가?' 평생을 통해 하나님께 영광 돌릴 수 있는 사람이 되자.

그러면 어떻게 하나님께 영광 돌릴 수 있는가? 비록 부족하고 연약하지만 자신의 삶을 기꺼이 하나님께 드림으로 영광 돌릴 수 있다. 그리고 자신에게 맡겨진 크고 작은 일들을 주님께서 맡겨주셨다는 마음으로 충성하며 하나님께 영광 돌릴 수 있다. 또한 생명을 구원하는 사역, 영혼을 구원하는 일에 헌신함으로 하나님께 영광 돌릴 수 있다. 지금 내가 하고 있는 일이 평생의 사명인가를 돌아보고, 하나님께 영광 돌리는 삶을 살 수 있도록 최선을 다하자.

영향력 있는 삶을 위한 원리

⭐ 삶의 목적이 분명해야 한다

예수님은 자신의 삶의 목적을 분명히 깨달았기에 하나님께 영광 돌리는 삶을 사실 수 있었다. 우리도 우리 인생의 목적을 분명히 해야 한다. 한 번 태어난 인생, 명확하고 확실한 목적을 정해야 한다.

⭐ 은사는 하나님이 주신 것임을 알아야 한다

하나님께서는 우리에게 이미 여러 가지 은사를 주셨다. 왜 은사를 주셨는가? 은사를 주신 것은 그 은사를 가지고 하나님께 영광을 돌리라고 주신 것이다. 그런데 주님의 일을 효과적으로 하라고 주신 것을 내 것이라고 생각해서는 안 된다. 예수님 때문에 주어진 일을 내 일이라고 해서도 안 된다. 주신 것을 사용하여 하나님께 영광 돌려야 한다.

⭐ 생명을 구원하는 일에 헌신해야 한다

당신은 어떤 사명을 가지고 사는가? 당신의 평생 사명을 떳떳하게 말할 수 있는가? 당신에게 주어진 사명 가운데 가장 가치 있는 일이 무엇인가? 그것은 죽어가는 생명을 구원하는 일에 쓰임받는 것이다. 사람을 변화시키고 세상을 변화시켜 하나님께 영광 돌린 사람들은 한결같이 영혼 구원, 생명 구원에 대하여 분명한 사명감을 가지고 살았다.

나는 과거의 역사보다는 미래의 꿈을 더 좋아한다.

토머스 제퍼슨

11장

신앙의 모험을 즐기라

인생에서 견디기 힘든 것 중의 하나가 허무와 권태이다. 허무와 권태는 시간이 남아도는 사람만 느끼는 것이 아니다. 바쁜 사람도 허무와 권태에 젖을 수가 있다. 매일 쳇바퀴 돌듯 같은 삶이 계속되면 허무와 권태에 빠질 수밖에 없다. 이렇게 구멍 뚫린 당신의 마음을 무엇으로 채우고 있는가? 돈인가? 돈은 벌어도 벌어도 만족이 없다. 쾌락인가? 즐기고 마셔도 허전한 마음이 채워지지는 않는다. 명예인가? 아무리 높은 권세의 자리도 하루아침에 무너질 수 있다.

허무와 권태를 술로 해결하려는 사람이 있다. 술이 들어가서 정신이 몽롱해질 때 잠시나마 허무와 권태를 잊을 수가 있기 때문이다. 노름을 통해 도전과 스릴을 맛보며 재미없는 인생살이를 견디려는 사람도 있고, 영화를 보면서 파란만장한 주인공의 삶을 간접 체험하며 권태의 문제를 해결하려는 사람도 있다. 그러나 이러한 방법은 모두 잘못된 방법이다. 왜냐하면 이러한 방법은 삶에 부정적인 영향을 끼치기 때문이다. 그러면 어떻게 하면 허무와 권태에서 벗어나 신나는 삶을 살 수 있을까? 예수님의 제자가 되면 된다.

예 수 님 의 제 자 로
신 나 는 삶 을 살 라

예수님의 제자가 되면 스릴 있고 신나게 살 수 있다. 그 예 중의 하나가 마태복음 8장 14~23절에 나오는 베드로 장모의 열병을 고치는 사건이다. 마태복음에 기록된 치유 사건 중에서 베드로 장모의 열병을 고치는 사건은 누구의 요청도 없이 예수님이 자진하여 병을 고친 유일한 사건이다.

이 사건을 보면서 제자들에게 가장 인상에 남았던 부분이 어떤 것이었을까? 열병에 신음하던 베드로의 장모에게 예수님이 손을 대시니까 그녀가 즉시 일어났다는 것이다. 열병을 심하게 앓고 나면 힘이 없어져서 열이 떨어져도 회복되는 데 시간이 꽤 걸리는 법이다. 그런데 베드로의 장모는 일어나자마자 예수님과 제자들의 시중을 들 정도로 즉시 회복되었다는 것이다. 이 얼마나 놀랍고 신나는 일인가? 옆에서 지켜보는 제자의 심정이 되어 생각해보라.

제자라는 단어는 '쫓아다닌다'는 단어에서 파생되었다. 예수님의 제자가 되어서 예수님을 쫓아다니니까 이러한 신나는 일을 경험하게 된 것이다. 그것뿐인가? 마태복음 8장 16~17절을 보면 귀신 들린 사람이 예수님으로 인하여 온전해지는 것을 목격할 수 있다. 그 외에도 제자들은 예언이 성취되는 것을 목격할 수가 있었다. 예수님과 더불어 있으면서 구약의 예언자들이 보고 경험하기를 소원했던 일들을 경험하게 되었다. 이처럼 신나는 일이 어디에 있겠는가? 예수님 당시만이 아니다. 지금도 예수님의 제자가 되어 그분의 뒤를 쫓으면 신기하고 놀랍고 신나는 일들을 경험할 수 있다.

삶의 권태기에 빠졌는가? 짜증 나는 일만 생기는가? 예수님의 제자가 되어보라. 당신의 인생에 긍정적인 즐거움과 감동의 모험이 시작될 것이다.

제 자 의 삶 은
신 앙 의 모 험 이 다

—

그러나 예수님의 제자가 되려면 우선 만족시켜야 할 조건이 있다.
첫째, 안정을 포기해야 한다.

> 예수께서 무리가 자기를 에워싸는 것을 보시고 건너편으로 가기
> 를 명하시니라 한 서기관이 나아와 예수께 아뢰되 선생님이여 어
> 디로 가시든지 저는 따르리이다 예수께서 이르시되 여우도 굴이
> 있고 공중의 새도 거처가 있으되 인자는 머리 둘 곳이 없다 하시
> 더라(마 8:18~20).

예수님은 그분을 따르겠다고 하는 서기관에게, 여우도 굴이 있
고 새도 보금자리가 있으나 자신은 머리 둘 곳이 없다고 대답하셨
다. 왜 이런 말씀을 하셨을까? 서기관의 마음을 꿰뚫어보신 것이
다. 그는 예수님의 제자가 되는 것이 구약의 약속이 실현되는 신나
고 스릴 있는 삶을 경험하는 것임을 잘 알았다. 그러나 그는 일상의
평안 속에서 누릴 수 있는 안락은 다 누리면서 이러한 스릴도 함께
맛보기를 원하고 있었다.

　예수님은 이러한 서기관에게 제자 되는 조건을 제시하셨다. 주님의 삶은 정해진 거처가 없는 나그네 같은 삶이라는 것이다. 그러므로 예수님의 제자가 되기 위해서는 정해진 거주지에서 안락한 생활을 즐기는 편안함을 포기할 수 있어야 한다.

　예수님의 제자가 되어 신나고 스릴 있는 삶을 살려면 안정을 포기할 수 있어야 한다. 예수님이 가라는 곳에 가고 머물라는 곳에 머물러야 한다. 그리고 예수님이 떠나라고 하시면 한시라도 빨리 떠나야 한다. 이것이 제자의 삶이다.

위의 찬양처럼 주님 말씀하시면 나아가고 또 주님 말씀하시면 멈추어 서는 것, 이것이 제자의 삶이다.

안정을 버려야 한다는 것은 단지 육신의 편안함을 버리는 것만을 뜻하는 것이 아니다. 정신적인 안정도 버릴 수 있어야 한다. 제자는 예수님의 명령에 순종해야 한다. 지금까지 고수해온 방식과 다른 방식을 선택하라고 하시면 새로운 방식을 선택해야 한다. 지금까지 걸어온 길과 다른 길을 걸으라고 하시면 다른 길을 걸어야 한다. 거기에 신나고 스릴 있는 삶이 있는 것이다.

우리는 안정된 삶이 어떤 의미에서는 허무하고 권태로운 삶이라는 것을 모른다. 안정된 삶이라는 것이 무엇인가? 다음 달, 내년, 10년 후에 자신이 무엇을 하고 있을지 예측할 수 있는 삶이다. 그러나 이러한 안정된 삶은 동시에 오늘의 삶이 어제의 삶과 똑같고 내일의 삶이 오늘의 삶과 비슷하다는 의미이다. 이것보다 더 허무하고 권태로운 삶이 어디 있겠는가? 안정이 목표인 사람의 신앙생활은 늘 진보가 없다. 고인 물과 같다.

오스트레일리아는 날씨가 온화하여 연중 꽃이 피어 있다. 그런데 이상하게도 꽃을 따르게 마련인 꿀벌이 없다. 그래서 그 버려진 자원에 눈독을 들인 유럽인들이 양질의 꿀벌을 방사(放飼)했다. 벌들은 신이 나서 꽃밭을 누비며 꿀을 따 모았다. 그런데 1년도 채 안

되어 벌들은 꿀 모으는 일을 그만두었다. 배가 부를 대로 부른 벌들이 벌집 속에서 편안히 즐기만 하고 꽃을 찾아다닐 기미를 보이지 않았다. 당연히 그럴 수밖에 없을 것이다. 꽃이 연중 어느 한 시기에만 핀다면 꽃이 피지 않는 때를 위해 꿀을 모아둘 수밖에 없다. 하지만 1년 내내 꽃이 피어 있다면 힘들여 꿀을 모아둘 필요가 없다. 이와 같이 인생의 안정만 추구하는 사람들은 오스트레일리아의 꿀벌처럼 게을러진다.

예수님의 제자로서 살아가려면 세상적인 안정을 포기하고, 내일은 무슨 일이 생길까 기대하며 살아야 한다. 당신도 예상치 못한 일이 생기면 위기감을 느낄 것이 아니라 하나님이 어떤 새로운 경험을 하게 하실까 기대하라.

둘째, 예수님의 제자가 되려면 기회를 놓치지 말아야 한다. 마태복음 8장 14~23절 말씀을 보면, 예수님의 제자가 되기를 원하면서 아버지 장례를 치르고 오게 해달라고 하는 사람이 나온다.

제자 중에 또 한 사람이 이르되 주여 내가 먼저 가서 내 아버지를 장사하게 허락하옵소서 예수께서 이르시되 죽은 자들이 그들의 죽은 자들을 장사하게 하고 너는 나를 따르라 하시니라(마 8:21~22).

이 말을 하는 사람의 아버지는 아직 살아 있는 것으로 보인다. 아버지가 정말 돌아가셨다면 할 일이 많은데 예수님과 더불어 있겠는가? 따라서 그의 말은 아버지를 모시고 살다가 아버지가 돌아가시고 나면 그때 다시 와서 예수님의 제자가 되겠다는 의미로 볼 수 있다. 죽은 사람의 장례는 죽은 사람에게 치르게 두라는 예수님의 말씀은, 그러한 일은 영적으로 죽은 사람에게 맡기고 나를 즉시 쫓으라는 긴급함이 담긴 말씀인 것이다.

예수님의 제자가 되어 하나님의 그 일에 목격하고 그에 동참하는 기회는 항상 주어지는 것이 아니다. 이러한 기회는 주어질 때 즉시 잡아야 한다.

C. S. 루이스의 《스크루테이프의 편지》라는 책에 다음과 같은 이야기가 나온다.

영국의 어떤 노신사가 어느 날 도서관을 찾아갔다. 여러 책 중에서 손에 쥐어진 책이 신앙에 관한 책이었고, 이 책을 보다가 노신사의 마음속에는 하나님에 관한 생각이 싹트기 시작했다. '하나님은 어떤 분일까? 나는 그분과 어떤 관계를 맺어야 하나?'

이런 생각을 하고 있는 노신사에게 그 순간 악마가 찾아온다. 악마는 그의 마음속에 이렇게 말하기 시작한다. "점심시간이야, 뭘 그렇게 생각해."

그 순간 그는 하나님에 대한 생각을 접어두고 식탁으로 간다. 그런데 점심을 먹다가 또 갑자기 하나님에 대한 생각이 마음속에서 일어나기 시작한다. 그러자 악마는 다시 그의 마음속에 들어와서 속삭인다. '밥 먹는데 뭘 그렇게 골치 아프게 생각하니? 우선 식사부터 끝내고 보자!'

식사를 끝낸 후 노신사의 마음속에 다시 하나님에 대한 생각이 어렴풋이 나오려고 했다. 그러나 노신사는 악마의 역사를 통하여 이렇게 생각하고 만다. '그거 뭐, 있을 수 있는 생각이지. 하지만 오늘은 너무 바빠. 집에 가서 할 일이 많아.'

그는 밖으로 나와 버스를 탄다. 버스 좌석에 앉아 신문을 읽으면서 아무 일도 없었던 것처럼 집으로 간다. 마치 자신에게 아무 사건도 일어나지 않은 것처럼 생각하며 버스를 타고 가는 노신사 뒤에서 악마는 회심의 미소를 짓는다.

그런데 일주일 후 노신사는 도서관으로 가는 길에 그만 교통사고로 죽고 만다.

우리는 이 노신사처럼 기회를 놓치지 않도록 항상 하나님의 음성에 귀 기울여야겠다. 기회는 항상 주어지는 것이 아니다. 특히 예수님의 제자가 되어 쓰임받는 기회는 항상 찾아오는 것이 아니다. 그러므로 하나님의 부르심이 있으면 즉시 순종해야 한다.

히말라야 산 속에 가면 야맹조라고 하는 새가 있다고 한다. 이 새는 낮이면 신나게 즐기다가 밤이 되면 잘 둥지가 없어서 다른 새의 둥지에 가서 거하며 밤새 구박을 받는다고 한다. 그러고는 서러운 눈물을 하염없이 흘리며 "내일이면 집 지으리", "내일이면 집 지으리" 하고 구슬프게 노래한다는 것이다. 그러나 야맹조는 결국 일생이 다가도록 집을 짓지 못한다고 한다. 마찬가지로, 매일 놀고 먹으면서 머릿속으로만 '예수님의 제자 되어야지!' 하고 생각하는 것은 어리석은 모습이다. 기회가 주어지면 과감히 잡아야 한다. 예수님의 제자가 되는 기회가 찾아오면 미루거나 놓치지 말고 즉시 예수님의 말씀에 따르자.

제자의 삶이 가장 안전한 삶이다

예수님의 제자로서 신나고 스릴 있는 삶을 살기 위해서는 안정을 포기해야 한다. 그러나 아이러니컬하게도 안정을 포기한 제자의 삶이 사실은 가장 안전한 삶이다. 왜냐하면 예수님이 함께하시기 때문이다.

예수님과 그분의 제자들은 배를 타고 갈릴리 호수를 건너가게 되었다. 그때 폭풍이 불어와 배가 파선할 지경에 이르렀다. 어부인 제자들이 죽을 것을 두려워할 정도였으니, 대단한 폭풍이 불었던 것으로 보인다. 그런데도 예수님은 주무시고만 계셨다. 제자들이 두려움에 떨며 예수님을 깨우자 예수님이 일어나셔서 폭풍을 꾸짖으셨고, 폭풍이 잔잔해졌다.

그리고 예수님은 제자들에게 믿음이 적은 자들이라고 꾸짖으셨다. 왜 꾸짖으셨을까? 예수님이 배 안에 함께 계시는데도 죽을까 봐 두려워했기 때문이다.

예수님과 함께 있는 곳이 가장 안전한 곳이다. 예수님이 나와 함께하시는 동안은 두려워할 필요가 없다. 그러므로 위기를 만났을 때 예수님이 계신 곳에 같이 있도록 노력하라. 위기를 만나면 평정을 잃고, 문제를 해결하기 위해 하나님의 뜻에 어긋나는 일이라도 서슴지 않고 행하는 사람이 있다. 그러나 우리는 예수님이 계신 곳이 안전한 곳임을 알고, 이럴 때일수록 오히려 더 예수님을 찾아야 한다.

이스라엘 백성이 애굽을 탈출할 때 홍해가 갈라진 사건을 알고 있을 것이다. 애굽 군대가 추격해와서 죽게 되었을 때 하나님은 홍해를 갈라주시고 이스라엘 백성에게 건너라고 하셨다. 홍해가 갈라진 물 벽 사이로 지나가는 것은 두려운 일이었을 것이다. 언제 물 벽이 무너져서 익사할지 모른다. 그러나 그곳이 가장 안전한 곳이었다. 만일 이를 두려워하여 안전해 보이는 육지에 머물렀다면, 이스라엘 백성은 애굽 군대의 칼날에 희생되든지 다시 노예로 잡혀 갔을 것이다. 위험해 보이는 물 벽 사이가 안전한 곳이었던 것처럼 예수님이 계신 곳, 하나님의 뜻이 있는 곳이 가장 안전한 곳이라는 것을 기억해야 한다.

위기는 신나는 모험의 기회이다. 어떠한 풍랑도 잔잔케 하시는 주님과 함께한다면 우리는 두려워할 필요가 없다. 주님이 풍랑을 잔잔케 하시고 우리를 구원해주실 때까지 두려워 말고 기다리자. 구원의 날까지 두려움에 흔들려 쓰러지지 않으려면, 제자의 삶을 선택하고 신앙의 모험을 해야 한다.

신앙의 모험에는 기도가 필요하다. 인생의 풍랑을 만났을 때, 시험에 빠지지 않도록, 또 사탄을 물리칠 수 있도록, 기도를 강하게 해야 한다. 어느 모험에든지 밧줄 등의 장비가 필요한 것처럼, 신앙의 모험을 할 때는 기도라는 장비가 필요하다.

2차 세계대전 중에 있었던 일이다. 한 영국 병사가 자기 병영 근처의 숲 속에서 몰래 웅크린 채 누군가를 향해 이야기하다가 붙잡혔다. 그는 기도하고 있었을 뿐이라며 무죄를 주장하였지만 아무도 그의 말을 믿으려 하지 않았다. 그래서 그는 적과 소통했다는 죄목으로 즉시 기소되어 군 재판소로 호송되었다.

판결을 맡은 장교가 그에게 물었다. "기도하는 습관이 있는가?" 그는 자신 있게 대답했다. "네, 그렇습니다." 그러자 기다렸다는 듯이 장교가 명령했다. "그렇다면 지금 당장 무릎 꿇고 기도해보게!"

장교의 말이 떨어지기 무섭게 병사는 무릎을 꿇고 기도를 시작하였고 깊은 기도의 세계로 들어가 자신의 영혼을 하나님 앞에 쏟아놓았다.

그가 기도를 끝냈을 때 장교가 말했다. "가도 좋다. 나는 네 말을 믿을 수 있다. 자주 기도를 하지 않았다면 결코 그렇게 기도할 수 없었을 테니까 말이다."

신앙의 모험을 하기 원하고 제자로서의 삶을 살기 원한다면, 위의 병사처럼 기도로 항상 무장하라.

또한 신앙의 모험을 하려면 부정적인 생각을 몰아내야 한다. 위기를 당했을 때 부정적인 생각, 염려, 두려움으로 생각이 마비될 수있다. 이러한 부정적인 생각을 하나님의 말씀으로 대적하여 이겨야 한다.

그리고 하나님을 경험할 것을 기대해야 한다. 제자들은 물에 빠져 죽을 뻔한 사건을 통해 새롭게 예수님을 깨달았다. 바람과 바다도 잔잔하게 하실 수 있는 분이라는 것을 경험하게 되었다. 인생에 어떠한 풍랑이 닥칠지라도 예수님이 우리와 함께 계시면 두려워할 필요가 없다. 권태에 빠져 삶에 아무런 재미가 없다면, 예수님의 제자가 되어 신나고 스릴 있는 삶을 살아보라.

영향력 있는 삶을 위한 원리

⭐ 예수님의 제자로 신나는 삶을 살라

예수님의 제자들은 예수님을 쫓아다니면서 구약의 예언자들이 보고 경험하기를 소원했던 일들을 경험하게 되었다. 이처럼 신나는 일이 어디 있겠는가? 삶의 권태기에 빠졌는가? 짜증 나는 일만 생기는가? 예수님의 제자가 되어 보라. 당신의 인생에 긍정적인 즐거움과 감동의 모험이 시작될 것이다.

⭐ 제자의 삶은 신앙의 모험이다

주님이 말씀하시면 나아가고 또 주님이 말씀하시면 멈추어 서는 것, 이것이 제자의 삶이다. 안정을 버려야 한다는 것은 단지 거주지만을 뜻하는 것이 아니다. 정신적인 안정도 포함될 수 있다. 제자는 예수님의 명령에 순종해야 한다. 지금까지 해온 방식과 다른 방식을 선택하라고 하면 새로운 방식을 선택해야 한다. 지금까지 걸어온 길과 다른 길을 걸으라고 하면 다른 길을 걸어야 한다. 거기에 신나고 스릴 있는 삶이 있는 것이다.

⭐ 신앙의 모험에는 기도가 필요하다

제자들은 물에 빠져 죽을 뻔한 사건을 통하여 새롭게 예수님을 깨달았다. 바람과 바다도 잔잔하게 하실 수 있는 분이라는 것을 보고 경험하게 되었다. 어떠한 인생의 풍랑이 닥칠지라도 예수님이 우리와 함께 계시면 두려워할 필요가 없다. 예수님이 계신 곳, 하나님의 뜻이 있는 곳이 가장 안전한 곳이라는 것을 기억해야 한다.

행복한 사람처럼 생각하고 행복한 사람처럼 행동하라.
그러면 행복한 사람이 될 것이다.

윌리엄 제임스

12장

불굴의 개척자가 되자

이 세상에는 소위 성공하는 사람들이 있고 실패하는 사람들이 있다. 성공과 실패를 판가름하는 가장 큰 차이가 무엇이라고 생각하는가? 그것은 바로, 세상을 바라보는 생각의 차이다.

똑같은 환경과 상황에서도, 긍정적으로 생각하는 사람이 있는가 하면 부정적으로 생각하는 사람이 있다. 그러면 긍정적인 사람과 부정적인 사람의 구체적인 차이점이 무엇인가? 긍정적인 사람은 없는 것에 대해 고민하지 아니하고, 있는 것으로 인해 감사한다. 그러나 부정적인 사람은 있는 것에 감사하지 아니하고 없는 것 때문에 고민하며 원망하고 불평한다.

어떤 청년이 길을 가다가 커피를 탈 때 사용하는 크림 한 봉지를 주웠다. 이 청년은 '웬 횡재야' 하며 그 크림 봉지를 만지작거렸다. 그리고 계속해서 길을 가면서 두리번거리며 다음과 같이 중얼거렸다. "그런데 왜 커피 봉지는 보이지 않는 거야. 커피가 있어야 크림을 사용할 수 있는데, 커피가 없으니 크림이 소용없잖아."

당신은 어떤 유형에 속하는가? 있는 것에 감사하는 긍정적인 사람인가? 아니면 위의 청년처럼 없는 것으로 인해 불평하는 부정적인 사람인가? 여호수아 17장 14~18절을 보면, 부정적인 사람들이 등장한다.

바로 요셉 자손인 에브라임과 므낫세 지파이다.

요셉 자손이 여호수아에게 말하여 이르되 여호와께서 지금까지 내게 복을 주시므로 내가 큰 민족이 되었거늘 당신이 나의 기업을 위하여 한 제비, 한 분깃으로만 내게 주심은 어찌함이니이까 (수 17:14).

요셉의 후손은 에브라임과 므낫세 두 지파인데, 왜 다른 지파와 동일하게 한 분깃만의 기업을 받게 되느냐고 불평불만을 토로하고 있다. 다른 지파가 각각 한 분깃을 받은 것처럼, 자기들에게도 정당하게 각각 한 분깃씩, 두 분깃을 달라고 주장하고 있다. 언뜻 들으면 그들의 주장이 타당한 것처럼 들린다. 그러나 그들의 요구는 정당한 요구가 아니었다. 그들의 불만은 지나친 욕심에서 출발했다. 그들은 인구에 비해 훨씬 넓은 땅을 분배받았다. 그리고 그들이 분배받은 땅은 요단 서편의 중심부로서 비록 산지가 있기는 하지만, 그리 높지 않은 구릉지대이며, 가장 비옥한 양질의 토지였다. 하나님께서는 다른 어느 지파와 비교해도 절대 손색이 없는 가장 좋은 분깃을 그들에게 주셨다. 그러면 그들의 입에서 감사와 찬송이 흘러나와야 한다. 그리고 목숨 걸고 하나님께 영광 돌리며 살겠다고 고백해야 한다. 그런데 뜻밖에도 그들의 입에서는 "큰 민족이 되었는데, 왜 한 분깃만 줍니까? 인구는 많은데 사는 곳이 너무 좁아요"라는 원망과 불평만 나왔다. 하나님의 축복에 감사하기는커녕, 더 많은 땅을 받지 못했다고 불만을 토로하며 투덜거렸다.

혹시 우리도 요셉 자손들처럼 투덜거리고 있지는 않은가? 하나님께서는 우리에게 여러 가지 달란트와 재물, 시간, 환경을 주셨다. 보금자리인 가정을 주셨고, 교제할 수 있는 친구들을 주셨다. 생업의 터전인 직장과 사업장을 주셔서 굶지 않고 살 수 있게 하셨다. 또한 찬양하고 기도하고 교제하고 예배 드릴 수 있는 교회를 주셨다. 그럼에도 불구하고 입만 열면 투덜거리고 있지는 않은가? 자신의 입술이 원망과 불평의 말만 담는 투덜이 입술인지, 칭찬과 찬양과 감사를 담는 아름다운 입술인지 점검해보라.

하나님의 사람 여호수아는 이렇게 투덜거리며 원망과 불평을 터뜨리는 사람들을 향해 외쳤다.

이 말이 무슨 말인가? 투덜거리지 말고 스스로 개척하라는 것이다. 원래 여호수아도 요셉의 후손이다. 인간적으로 보면, 자신의 출신 집안인 요셉 지파를 더 신경 써주어야 한다. 그런데 여호수아는 그들의 불평에 단호하게 대처했다. 투덜거리며 땅을 더 달라고 불평하는 요셉 지파에게 "아직까지 개척되지 않은 땅에 올라가서 스스로 개척하라"고 소리쳤다. 불평만 하지 말고 스스로 노력하라는 것이다. 남이 주는 것을 앉아서 받으려고만 하지 말고 일어나 직접 찾으라는 것이다.

요셉 자손의 문제가 무엇이었는가? 그들은 큰 땅을 차지하겠다는 비전은 있었지만, 그 비전을 성취하기 위한 대가를 치르려고 하지 않고 투덜거리기만 했다. 물론 꿈과 비전은 중요하다. 그러나 꿈과 비전을 가지고 있다고, 모든 사람이 그것을 실현하는 것은 아니다. 비전을 실현하는 사람은 자신의 비전을 위해 기꺼이 대가를 치르려고 하는 사람이다.

모세는 자기 민족을 애굽에서 구해내고자 하는 비전을 품고 있었다. 그래서 그는 애굽 공주의 아들이라는 칭호를 버리는 대가를 치른 것이다. 비전을 위해 대가를 치른 사람만이 열매를 거둘 수 있음을 믿으라.

이루어야 할 꿈이 있는가? 비전이 있는가? 대가 치르기를 두려워하지 마라. 대가를 치르려고 하지 않는 비전은 죽은 비전이다. 말만 하지 말고, 투덜거리지도 말고, 스스로 개척하라.

요셉 자손들은 비전을 위해 힘차게 전진하는 비전 메이커(Vision Maker)가 아니라, 침대에 누워 생각만 하는 몽상가들이었다. 불평하지 말고 스스로 개척하라! 그러면 어떻게 비전을 이룰 수 있고 어떻게 개척할 수 있는가?

비전을 성취하는 것은 쉬운 일이 아니다. 비전을 이루기 위해 넘어야 할 장애물이 있다.

> 요셉 자손이 이르되 그 산지는 우리에게 넉넉하지도 못하고 골짜기 땅에 거주하는 모든 가나안 족속에게는 벧 스안과 그 마을들에 거주하는 자이든지 이스르엘 골짜기에 거주하는 자이든지 다 철 병거가 있나이다(수 17:16).

요셉 자손들은 여호수아로부터 '스스로 개척하라'는 말을 듣고 막상 개척하려고 보니 난관에 부딪혔다. 개척할 산지에는 오늘날의 탱크라고 할 수 있는 철 병거를 보유한 가나안 족속이 진을 치고 있었기 때문이다. 그러나 그들에게는 철 병거는커녕, 철로 만든 무기조차 없었다. 쉽게 말하면 보병부대인 이스라엘과 가나안 전차부대의 싸움이 시작된 것이다. 요셉 군대는 가나안 군대에 비해 절대적으로 열세였다. 이제 그들은 비전을 이루기는커녕, 가나안 족속에 의해 처참하게 죽음당할지도 모르는 난관에 부딪혔다.

영국의 역사가 토머스 칼라일(Thomas Carlyle)은 '프랑스 혁명사'에 관한 원고를 쓰고 나서, 자기가 존경하던 존 스튜어트 밀(J. S. Mill)에게 보여주었다. 그런데 그의 하녀가 칼라일의 원고뭉치를 뜯어서 서재의 벽난로에 넣어버리는 어처구니없는 일이 발생했다. 칼라일은 자신이 오랫동안 정성 들여 쓴 원고가 하녀의 실수로 불타버렸다고 하는 말을 듣고 체념에 빠졌다.

그 후 몇 년의 시간이 흘렀다. 칼라일이 산책을 나갔다가 우연히 어느 벽돌공이 큰 담장을 쌓는 것을 보게 되었다. 벽돌을 하나 올려놓고 다시 그 위로 또 하나를 올려놓고, 하나하나 벽돌을 쌓아가는데 그것이 점점 쌓여서 나중에는 거대한 울타리가 되는 것이었다. '옳지! 바로 저것이구나! 저 담장이 한 번에 완성되는 것이 아니라 벽돌을 하나씩 차곡차곡 쌓아 올려야 되는 것이로구나! 내 원고는 이미 불타버렸지만 이제 제목을 먼저 쓰리라. 그리고 한 페이지씩 완성해가리라!' 하고 생각하며 다시 용기를 내었다. 그는 자신의 원고가 불에 타버리는 난관에 부딪혔지만, 그 난관을 극복했다. 그 결과《프랑스 혁명사》가 완성된 것이다.

중국의 만리장성도 하루아침에 이루어진 것이 아니다. 처음에 어떤 사람이 돌 한 개를 땅 위에 얹어놓은 것으로부터 시작된 것이었다. 힘이 들어도, 난관에 부딪혀도, 굴하지 않고 앞으로 전진해야 비전을 이룰 수 있다. 성경에 등장하는 비전의 사람들은 난관을 극복한 사람들이다. 느헤미야를 보라. 그의 비전은 무너진 예루살렘 성벽 재건이었다. 그런데 무너진 예루살렘 성벽을 수축할 때, 손쉽게 쌓았는가? 아니다. 산발랏과 도비야와 아라비아 사람들과 암몬 사람들과 아스돗 사람들의 방해가 있었다. 그 와중에도 느헤미야는 포기하지 않았고 난관을 극복했다. 결국 52일 만에 무너진 성벽을 재건하여 비전을 성취하였다. 또 요셉의 생애를 보라. 그는 꿈을 꾸고 비전을 세웠다. 그러나 형들의 비난이라는 난관을 만났다. 미디안 상인들에게 팔리는 난관도 만났다. 또 종살이를 하는 가운데 보디발의 아내라는 난관을 만났고, 억울하게 감옥에 갇히는 난관도 만났다. 그래도 그는 포기하지 않았다. 그는 가슴속에서 불타오르는 비전을 가지고 수많은 난관을 극복했다. 결국 비전대로 그는 애굽의 총리대신이 되었다.

당신을 가로막는 철 병거는 무엇인가? 학벌, 나이, 외모, 재물이라는 철 병거가 가로막고 있는가? 그 모든 장애물을 극복하여 비전을 성취하기 바란다.

하나님을 확실하게 의지하자

비전을 이루기 위해서는 우리의 힘만 가지고는 불가능하다. 하나님을 의지해야 한다. 요셉 자손이 자기들이 정복해야 할 땅에 철 병거를 가진 가나안 족속이 살고 있다며 개척의 어려움을 토로하자, 여호수아는 하나님의 권능이 함께하시는 한 능히 난관을 극복할 수 있다고 격려했다.

> 여호수아가 다시 요셉의 족속 곧 에브라임과 므낫세에게 말하여 이르되 너는 큰 민족이요 큰 권능이 있은즉 한 분깃만 가질 것이 아니라 그 산지도 네 것이 되리니 비록 삼림이라도 네가 개척하라 그 끝까지 네 것이 되리라 가나안 족속이 비록 철 병거를 가졌고 강할지라도 네가 능히 그를 쫓아내리라(수 17:17~18).

여호수아는 요셉 자손을 격려하되 일찍이 하나님께서 야곱을 통하여 요셉 지파에게 약속하고 축복한 말씀을 근거하여 확신과 용기를 주었다.

즉, 여호수아는 요셉 자손의 믿음이 약화된 것을 보고 하나님의 옛 언약을 생각하며 다시금 담대한 믿음을 가지라고 촉구했다. 하나님을 의지하고 신뢰하는 것이 승리의 비결이기 때문이었다.

철강왕 카네기를 잘 알 것이다. 그는 다음과 같이 말했다. "확신 있는 사람은 확신이 없는 사람보다 성공할 확률이 두 배나 높다." 또 미국의 3대 자동차 회사 중 하나인 크라이슬러를 다시 일으킨 장본인인 리 아이어코카 회장은 "삶의 승패는 환경으로 인해 만들어지는 것이 아니라, 확신에 의해 만들어진다"라고 말했다.

물론 이러한 말들은 하나님을 믿지 않는 사람들의 이야기다. 그러나 우리가 이들의 이야기를 통해서 배울 수 있는 것이 있다. 하나님을 모르는 사람들도 확신의 중요성을 말하고 있는데, 우리 믿는 사람들이 너무 확신이 약하다는 것이다. 세상적인 확신만 가지고도 승리를 하는데, 영적인 확신을 가지고서 능치 못할 일이 무엇이 있겠는가?

사도 바울이 빌립보서 4장 13절에서 고백한 것처럼, 우리는 우리에게 능력주시는 주님 안에서 모든 것을 할 수 있다. 9척 장신 골리앗 앞에 단지 물맷돌 다섯 개만 들고 나간 다윗을 생각해보라. 다윗이 미쳤던 것인가? 아니다. 소년 다윗에게는 하나님을 향한 믿음이 있었기 때문에 당당할 수 있었다. 이스라엘 백성들은 매일 철벽 여리고성 주위를 돌았다. 무려 6일 동안 한 바퀴씩 돌았다. 7일째에는 일곱 바퀴를 돌았다. 무엇 때문에 그들이 그렇게 여리고성을 돌았는가? 하나님에 대한 믿음이 있었기 때문이다. 하나님께서 약속하셨기 때문에 그 말씀을 의지하며 돌고 돌고, 또 돌았던 것이다. 천하무적 철 병거가 우리 앞을 가로막는다 할지라도 우리가 승리할 수 있는 비결은 다름 아닌 '믿음'이다. 사방으로 꽉 막혀 있다 할지라도, 하나님만을 의지하라.

1930년대 미국에 큰 공황이 찾아왔을 당시, 법률가 출신이자 무정부주의자였던 클래런스 대로(Clarence Darrow)는 자기의 무신론을 선전할 수 있는 절호의 기회가 왔다고 생각했다. 그래서 강연을 할 때마다 "여러분, 이 사태를 보십시오. 하나님이 살아 계신다면 이 어려운 상황을 우리에게 주셨겠습니까? 우리가 모든 것을 잃어버리고 있는 것만 보아도 분명히 하나님은 없습니다. 여러분, 우리는 다 잃어버렸습니다. 꿈과 재산을 잃었고 노래까지 잃었습니다. 이런 상황 속에서 어떻게 노래를 부를 수 있단 말입니까?"라고 소리쳤다. 그런데 어느 강연회에서 그 말을 들은 한 할머니가 갑자기 손을 번쩍 들면서 "저는 노래할 수 있습니다"라고 말하는 것이었다. 할머니의 말에 클래런스 대로가 "아니 어떻게 우리가 이 지경이 됐는데 노래할 수 있단 말입니까?" 했더니, 그 할머니는 큰 소리로 "예수님 때문에 노래할 수 있습니다"라고 외쳤다. 그런데 할머니 한 사람이 자신만만하게 외치자 여러 곳에서 사람들이 "맞습니다. 할렐루야! 예수님 때문입니다"라고 동조의 목소리를 높이기 시작했다. 한 무신론자가 하나님은 없다고 외치던 강연장의 분위기는 금세 하나님의 살아 계심을 인정하는 군중으로 인해 바뀌었고, 그는 이런 군중의 모습에 큰 충격을 받았다.

어렵고 힘든 역경 가운데서도 우리가 마음의 노래를 빼앗기지 않고 기쁨과 평안을 가질 수 있는 것은 바로 예수님 때문이다. 내게 능력 주시는 분, 나를 위해 죽으시고 부활하신 예수님 안에서 우리는 모든 것을 할 수 있다. 불평하지 말고 주님과 함께 삶을 개척하여 꿈을 이루자.

영향력 있는 삶을 위한 원리

⭐ 난관을 담대하게 극복하자

비전을 이루는 일은 저절로 되지 않는다. 비전을 성취하는 것은 쉬운 일이 아니다. 비전을 이루기 위해 넘어야 할 장애물이 있다. 지금 당신 앞에는 어떠한 난관이 놓여 있는가? 학벌, 나이, 외모, 재물이 당신을 가로막고 있는가? 그러한 난관을 극복하여 비전을 성취하라. 중국의 만리장성도 하루아침에 이루어진 것이 아니다. 힘이 들어도, 난관에 부딪혀도, 굴하지 않고 앞으로 전진해야 비전을 이룰 수 있다. 성경에 등장하는 비전의 사람들은 난관을 극복한 사람들이다. 그들처럼 장애물을 극복하여 비전을 성취하기 바란다.

⭐ 하나님을 확실하게 의지하자

비전을 이루기 위해서는 우리의 힘만 가지고는 불가능하다. 하나님을 의지해야 한다. 우리 마음에 소원을 품게 하시고 그것을 이룰 수 있도록 도우시는 하나님을 신뢰하자. 우리의 비전을 통해 영광 받으실 하나님께서 우리가 무슨 일을 하든 해낼 수 있는 능력을 부어주실 것이다. 하나님은 때때로 우리에게 고난을 허락하시지만 그 고난마저 거뜬히 넘어설 수 있는 힘 또한 함께 주신다. 어떠한 어려움이 우리를 에워싸더라도, 우리를 위해 죽으시고 부활하신 예수님이 우리 마음에 참 기쁨을 주실 것이다.

삶의 승패는 환경으로 인해 만들어지는 것이 아니라, 확신에 의해 만들어진다.

리 아이어코카

세상에 선한 영향력을 끼치라

여러분의 생애에 가장 큰 영향력을 준 사람은 누구인가? 중·고등학생들을 보면 유명연예인이나 운동선수들이 가장 영향력을 많이 주는 모델이 되는 것을 본다. 자기가 좋아하는 사람의 머리 스타일, 옷 스타일 등을 따라 하고 몸짓까지 흉내 내면서 따라다니는 모습을 보게 된다. 이처럼 사람은 누구나 자신이 좋아하는 사람의 영향을 받게 된다. 그리고 마찬가지로 다른 사람들에게 영향을 끼치게 된다.

한국 초대 교회에는 주기철, 한경직, 손양원, 김구, 안창호, 길선주와 같은 믿음의 거장들이 많이 있었다. 사회의 지도급 인사들은 대부분 그리스도인이었다. 교회 지도자가 곧 사회의 지도자였다. 그러나 오늘날은 교인도 엄청나게 많아지고 교회도 많아졌지만, 위대한 신앙의 인물들을 찾아보기가 어렵다. 다윗처럼 하나님의 마음에 합한 인물, 사람들을 감동시킬 만한 영적인 삶을 살고, 깨끗한 양심을 가진 인물들을 점점 만나볼 수가 없다는 사실이 가슴 아픈 현실이다. 이 세상에 영적 수준이 높은 그리스도인이 많아져야 한다. 그래야 이 세상이 변화될 수 있다.

수많은 음란 사이트가 갈수록 늘어나고 있다. 그런 사이트를 운영하는 사람들은 단지 돈 몇 푼을 벌기 위해 그 일을 하지만 그것의 파급 효과는 생각보다 크다. 이와 같이 나란 존재는 아무것도 아닌 것처럼 보일 수가 있으나 내가 어떠한 행동과 생각을 하느냐에 따라 많은 사람에게 직·간접적으로 영향을 끼치게 된다. 이 세상에 음란하고 포악한 사람들이 많으면 그들의 영향으로 사회도 패망하게 되고, 마음이 깨끗하고 영적 수준이 높은 사람들이 많아지면 그들의 영향으로 사회도 정화될 수 있는 것이다.

현대 기독교의 문제점으로 지적할 수 있는 것 가운데 하나가 그리스도인이 증가함에도 불구하고 기독교가 현대 사회에 끼치는 영향력은 너무 작다는 것이다. 특별히 한국 교회에 이 증상이 두드러지게 나타나고 있는 것이 현실이다. 지금보다 그리스도인의 수가 훨씬 적었던 한국의 초대 교회 시절은 기독교가 사실상 한 사회의 변혁을 주도할 만큼 강력한 영향력을 가지고 있었다. 실제로 구한말 어느 신문에서는 "돈으로 고을의 수령이 된 사람이 그 고을에 야소교(기독교) 신자가 많아 비리로 착취할 게 없어 다른 고을을 물색하고 있다"라는 기사가 나기도 했다. 당시 기독교 신자들의 삶의 일면을 엿볼 수 있는 역사적인 기록이다.

이전에는 이름 자체가 '신용과 정직의 상징'이었던 그리스도인이 이제는 비리의 주인공으로 등장하는 일이 많아졌다. 그리스도인들의 행동과 삶이 더 이상 세상 사람들에게 신뢰를 주지 못하기에 이전처럼 세상을 변화시키는 영향력도 없어진 것이다. 참으로 안타까운 일이다.

영향력은 권위에서 비롯된다. 교회와 그리스도인이 세상을 향해 절대적인 권위와 신뢰를 보여줘야 하는데 언제부터인가 이런 권위가 사라져버렸다.

두렵건대 네 존영이 남에게 잃어버리게 되며 네 수한이 잔인한 자에게 빼앗기게 될까 하노라(잠 5:9).

현대를 살아가는 우리는 무엇보다도 이 말씀을 기억해야 한다.

우리는 잃어버린 교회의 권위와 신뢰를 되찾고, 영향력 있는 그리스도인이 되어야 한다. 3·1절 당시 그리스도인은 전체 인구의 1.2퍼센트인 25만 명에 불과했지만, 민족 대표 33인 중 16명이 그리스도인으로서 영향력을 미쳤다. 그런데 그리스도인이 인구의 25퍼센트를 차지하는 지금의 한국 기독교가 별 영향력을 행사하지 못하고 있는 이유는 무엇일까? 물론 여러 가지 대답이 있겠지만 가장 중요한 것을 말한다면 첫째, 모든 그리스도인의 믿음이 성숙하지 못했기 때문이며 둘째, 그리스도인이 그 믿음대로 사명을 다하지 못하기 때문이다. 한마디로 실천적인 믿음이 부실하기 때문이다. 종종 그리스도인들이 지탄을 받는 경우가 있다. 물론 그 가운데는 믿는 자를 향한 핍박도 있지만 세상 사람들의 지적이 정확한 경우도 많다. 즉, 그리스도인의 삶에 행동이 없다는 것이다. 행동을 통해 생각과 사상을 드러내어 영향력을 끼칠 수 있는 법인데, 그리스도인 중에는 행동하는 사람들이 적어서 세상에 영적 영향력을 끼치기는커녕 오히려 세상으로부터 영향을 받고 패배자로 살아가는 것이다.

나더러 주여 주여 하는 자마다 다 천국에 들어갈 것이 아니요 다만 하늘에 계신 내 아버지의 뜻대로 행하는 자라야 들어가리라

… 그러므로 누구든지 나의 이 말을 듣고 행하는 자는 그 집을 반석 위에 지은 지혜로운 사람 같으리니 비가 내리고 창수가 나고 바람이 불어 그 집에 부딪치되 무너지지 아니하나니 이는 주추를 반석 위에 놓은 까닭이요 나의 이 말을 듣고 행하지 아니하는 자는 그 집을 모래 위에 지은 어리석은 사람 같으리니 비가 내리고 창수가 나고 바람이 불어 그 집에 부딪치매 무너져 그 무너짐이 심하니라(마 7:21, 24~27).

예수님도 행함의 중요성을 강조하셨다. 말씀을 통해 내 영적 수준을 높이고 그것을 행동으로 옮겨, 세상에 탁월한 영향력을 끼치는 사람이 되자.

말만 하지 말고 믿음대로 실천하라

믿음이 있고 그것을 말로 표현하는 사람은 믿음이라는 옷을 입고 산다. 믿음의 옷을 입은 사람은 그 옷처럼 살아야 한다. 입은 옷에 걸맞게, 믿음대로 행동해야 한다.

어느 잡화상 주인이 자기 동네에 새로 부임해온 목사가 설교를 아주 잘한다고 상점에 오는 손님들에게 칭찬했다. 하루는 어떤 손님이 주인에게 "지난주에 목사님이 어떤 설교를 하셨습니까?"라고 물었다. "저는 시간이 없어 교회에 나가 설교를 들은 적이 한 번도 없습니다." "그런데 어떻게 목사님이 설교를 잘하는 줄 압니까?" 주인이 웃으며 대답했다. "그 교회에 다니는 사람들이 그 목사님이 오신 후 외상값을 잘 갚아요."

이처럼 그리스도인은 믿음대로 행동하며 세상 사람들의 마음에 긍정적 자극을 주어야 한다.

하나님을 믿지 않는 사람들을 대상으로 '예수 믿는 사람들을 어떻게 보느냐'는 설문조사를 했다. 가장 많은 응답은 "예수 믿는 사람들은 언행일치가 안 된다"는 것이었다. 어떤 사람은 기독교인들에 대해 "신앙은 정통인데 행동은 이단이다"라는 말을 했다. 살아 있는 믿음은 행동하는 믿음이다. 믿음과 행동을 나무로 표현한다면 나무의 뿌리는 믿음이요, 그 열매는 행위라고 말할 수 있다. 참 믿음은 행위로 나타나는 것이다. 그래서 예수님도 다음과 같이 말씀하셨다.

그들의 열매로 그들을 알지니 가시나무에서 포도를, 또는 엉경퀴에서 무화과를 따겠느냐 이와 같이 좋은 나무마다 아름다운 열매를 맺고 못된 나무가 나쁜 열매를 맺나니 좋은 나무가 나쁜 열매를 맺을 수 없고 못된 나무가 아름다운 열매를 맺을 수 없느니라 (마 7:16~18).

우리는 과연 어떤 열매를 맺고 있는지 돌아보자. 아는 것보다 실천하는 것이 중요하다. 빈민가에서 태어나 큰 부자가 된 깁슨이란 미국인에게 사람들이 부자가 된 비결에 대해 물었다. 깁슨은 이렇게 대답했다. "첫째, 술을 마시지 말 것. 둘째, 고생을 두려워하지 말 것. 셋째, 하나님을 믿고 만사를 의심하지 말 것. 이게 비결입니다." 그러자 한 사람이 "그건 누구나 다 아는 거잖아요"라고 말했다. 깁슨은 웃으며 다시 대답했다. "그렇소. 그러나 당신은 아직 그걸 실천하지 못하고 있지 않습니까?" 많이 아는 것이 중요한 게 아니라 한 가지라도 실천하는 것이 중요하다.

다른 일화들을 살펴보자. 부잣집에서 자란 한 젊은 수녀가 테레사 수녀에게 "저는 오늘 예수 그리스도의 몸을 만졌습니다"라고 고백했다. 젊은 수녀는 그날 몸에 구더기가 들끓는 버려진 남자를 치료해줬던 것이다. 아무도 관심을 갖지 않았던 환자에게 사랑을 베푼 감격을 그 수녀는 그리스도의 몸을 만졌다고 표현했다. 그러자 테레사 수녀가 웃으면서 말했다. "그래요. 사랑의 손길이 닿는 곳에 주님이 계십니다. 그리스도인들은 말만 길게 하는 것이 아니라 즉각 사랑을 실천하는 사람이어야 합니다."

도산 안창호 선생이 미국에 처음 건너가서 청소부 생활을 했는데 얼마나 열심히 일을 했던지 한 백인이 "당신, 어느 나라 사람입니까? 당신은 청소부가 아니라 신사입니다"라고 감탄하면서, 지불하려고 했던 것보다 더 많은 돈을 줬다고 한다. 자신의 신념을 생활에 실천하는 사람은 비록 청소부 생활을 할지라도 신사 대접을 받는 법이다. '나는 할 수 없다' 하고 가만히 앉아 있지 말고, 무슨 일이든지 실천에 옮기라는 말씀이다. 아무것도 행하지 않고 실패하지 않는 사람보다 무엇인가 열심히 하다가 실패하는 사람에게 성공의 문이 열려 있다.

기독교는 실천의 종교다. 말만 앞서는 것보다 실천의 생활을 통해서 그리스도를 증거하는 사람이 참으로 성공하는 사람이다. 믿음의 완성은 행함이다. 지도를 소유했다고 여행을 마친 것이 아니다. 목표를 가졌다고 목표를 달성한 것이 아니다. 목적지를 향해 여행을 떠나야 하고, 목표를 향해 첫걸음을 내딛어야 한다. 많은 사람이 성취자가 되지 못하는 것은 그 최초의 한 걸음을 내딛지 못하기 때문이다. 한 걸음씩 나아가는 것이 중요하다.

행동하는 그리스도인이 되기 위해서는 작은 실천에 집중하는 훈련을 해야 한다. 작은 일이 끼칠 영향력을 생각해야 한다. 할 수 없는 것에 집착하지 말고 우선 할 수 있는 일을 해야 한다. 해야 하지만 하기 싫은 일이 있다면 그중 하루에 한두 가지씩 선택해서 실천에 옮기라. 그것이 성공과 승리의 비결이고, 세상에 영향력을 끼치는 비결이다. 지체하지 마라. 지체와 게으름은 사악한 동반자이다. 변명할 시간이 있으면 행동하라. 작은 첫걸음 때문에 어느 날 성취의 깊은 맛을 보게 될 것이다. 믿음은 행동을 통해서만 완성되며 행동을 통해서만 성취될 수 있다. 믿음을 그대로 실천하는 사람이 세상에 영향력을 끼치는 사람이 될 수 있다. 믿음의 실천 자체가 영향력이다.

하나님의 방식을 알고 그대로 행하라

그러면 신앙은 어떻게 실천해야 하는가? 한마디로 하나님의 방식대로 행해야 한다.

알렉산더 왕에게 아주 충성스러운 의사가 있었다. 몇몇 사람들이 의사를 시기해서 어떻게 해서든 그 의사를 곤경에 빠뜨리고자 음모를 꾸몄다. 그러고는 드디어 왕이 마시는 컵에 그 의사가 독약을 넣을 것이라는 거짓 편지를 써서 왕에게 보냈다. 그러나 왕은 많은 사람과 함께 식사하는 자리에서 그 편지를 읽어주면서 자신이 의사를 믿고 있다는 표시로 컵에 들어 있는 물을 단숨에 마셨다. 의사에 대한 알렉산더 왕의 믿음은 순수하고 전폭적이었다.

우리가 예수님을 믿을 때에도 이러해야 한다. 그럴 때 그 믿음은 힘을 발휘한다. 하나님의 방식은 믿음과 신뢰의 방식이다. 믿음과 신뢰를 가지고 행하라. 그러면 세상을 변화시킬 수 있다. 또한 하나님의 방식은 사랑의 방식이다. 사랑을 실천하는 것이 살아 있는 믿음이다. 하나님을 사랑하는 사람은 사람을 사랑한다. 하나님을 유익하게 하는 사람은 사람을 유익하게 한다. 진실한 행동을 통해서 사랑을 보여주어야 한다.

누가 이 세상의 재물을 가지고 형제의 궁핍함을 보고도 도와 줄 마음을 닫으면 하나님의 사랑이 어찌 그 속에 거하겠느냐 자녀들아 우리가 말과 혀로만 사랑하지 말고 행함과 진실함으로 하자 (요일 3:17~18).

어떤 율법교사가 일어나 예수를 시험하여 이르되 선생님 내가 무엇을 하여야 영생을 얻으리이까 예수께서 이르시되 율법에 무엇이라 기록되었으며 네가 어떻게 읽느냐 대답하여 이르되 네 마음을 다하며 목숨을 다하며 힘을 다하며 뜻을 다하여 주 너의 하나님을 사랑하고 또한 네 이웃을 네 자신같이 사랑하라 하였나이다 예수께서 이르시되 네 대답이 옳도다 이를 행하라 그러면 살리라 하시니(눅 10:25~28).

위 말씀에서 예수님은 행하는 신앙을 말씀하신다. 자신을 돌아보라. 예수 믿고 행동이 어떻게 달라졌는가? 예수 믿고 무슨 변화가 있는가? 어떤 사람은 수십 년 믿어도 전혀 행동이 변화되지 않는 사람이 있다. 이것은 죽은 믿음이다. 살아 있는 믿음은 행동하는 신앙이다. 죽은 사람이 어떻게 세상을 변화시킬 수 있는가? 어떻게 세상에 영향력을 끼칠 수 있는가?

가난하면 가난한 대로, 배우면 배운 대로, 약하면 약한 대로, 예수를 믿으면서 자기가 선 자리에서 얼마든지 선한 일을 할 수 있음에도 불구하고 소망을 잃고 선한 일을 행하지 않음으로 믿음을 병들게 하고 죽은 믿음으로 살아가는 불쌍한 사람들이 많다.

우리는 신성한 자존심을 가지고 소망을 품으면 자기 존재를 얼마든지 위대하게 만들어갈 수 있다. 마태복음 7장 24절에서 예수님은 "나의 이 말을 듣고 행하는 자는 그 집을 반석 위에 지은 지혜로운 사람 같으리니"라고 말씀하신다. 구원은 믿음으로 받는다. 그러나 마지막 최후의 심판은 믿음으로 하는 것이 아니라 행동으로 한다. 그러므로 우리는 주님 앞에 내놓을 수 있을 만한 착한 일을 해야 한다.

너희가 만일 너희를 사랑하는 자만을 사랑하면 칭찬받을 것이 무엇이냐 죄인들도 사랑하는 자는 사랑하느니라 너희가 만일 선대하는 자만을 선대하면 칭찬받을 것이 무엇이냐 죄인들도 이렇게 하느니라(눅 6:32~33).

우리에게 나쁜 말과 행동을 하는 사람들도 예수님의 마음으로 용서하고 사랑하면서 그리스도의 향기를 발하자. 그리하여 가정에서나 직장에서나 교회에서나 칭찬받는 사람이 되자. 그러면 최후에 하나님의 심판대에서 상급을 받을 것이다.

그러므로 때가 이르기 전 곧 주께서 오시기까지 아무것도 판단하지 말라 그가 어둠에 감추인 것들을 드러내고 마음의 뜻을 나타 살아 있는 믿음은 행동하는 믿음이요, 행동하는 믿음은 사랑으로 이웃들에게 선한 행동을 하는 것이다. 우리는 하나님 앞에 설 때 칭찬받는 존재로 서고자 하는 소망을 품어야 한다.

캘리포니아에 있는 어느 우주 항공사 내의 한 부서는 회사 전체에서 업무 능률이 가장 높을 뿐 아니라, 근태 상황도 가장 좋다고 한다. 그 부서가 담당하는 일이란 고작 공장 내의 파이프만을 책임지는 것으로, 단조롭고 별로 알아주지도 않는 일인데도 그 부서 직원들은 대단한 자부심을 갖고 있다고 한다. 이 이야기를 들은 회사의 간부들이 그 부서를 방문했는데, 특이하게도 그 부서의 모든 직원이 의사가 외과 수술을 할 때 입는 녹색 가운을 입고 있는 것이었다. 그 이유를 묻자 책임자가 이렇게 대답했다고 한다. "이 가운을 입는 것은 우리가 이 회사의 심장과 혈관을 책임지는 전문 의사이기 때문입니다. 의사가 인체의 파이프(혈관)를 돌보는 것처럼, 우리는 이 거대한 공장의 모든 파이프를 책임지고 돌보지요. 우리가 공장의 모든 혈관을 잘 돌보고 간수하는 한 공장은 문제없이 제대로 가동될 것입니다." 이런 사고방식이 세상에 강한 영향력을 끼친다. 우리 그리스도인도 이런 생각과 가치관을 가지고 행동하며 살아가야 한다.

또한 하나님의 방식은 성령을 좇아 행하는 것이다. 그리스도인들은 성령으로 거듭난 사람들이다. 육체 가운데 사는 우리는 날마다 죽어야 산다.

> 그리스도 예수의 사람들은 육체와 함께 그 정욕과 탐심을 십자가에 못 박았느니라 만일 우리가 성령으로 살면 또한 성령으로 행할지니(갈 5:24~25).

성령의 지배를 받는 사람은, 언변이 뛰어난 유능한 설교자가 아닐지라도 하나님 마음에 합한 선한 목자로 살아간다. 교회에서 직분을 맡고 있지 않더라도 오직 그리스도를 닮는 그리스도인으로 살아간다. 사랑과 기쁨과 평화가 넘치고, 인자하고 친절한 사람으로 살아가며, 삶 속에는 그리스도를 위한 충성심이 넘쳐난다. 매사에 근검절약하면서 자신의 욕구를 억제하고, 남을 비판하기보다는 용서와 화해, 그리고 사랑을 실천하며 살아간다. 성령을 따라 살아가며, 세상의 빛과 소금으로서 살아간다.

아테네의 한 극장에서 국경일을 기념하는 연극이 공연되고 있었다. 한 노인이 조금 늦게 극장 안으로 들어섰는데, 앉을 자리가 없었다. 그때 두리번거리고 서 있는 노인을 본 아테네인들은 "저 노인에게 자리를 양보하자"라고 여기저기서 수군댔지만 정작 누구 한 사람 자리를 양보하는 사람이 없었다. 노인은 천천히 외국인 자리로 다가갔다. 그러자 스파르타인들이 벌떡 일어나 서로 자리를 내주었다. 이 광경을 본 모든 사람이 박수를 쳤다. 이때 노인이 말했다. "아테네인도 선(善)이 무엇인지는 알고 있습니다. 그러나 스파르타인은 그 선을 즉시 행동으로 옮기는 사람입니다."

우리도 행동을 통해 믿음을 드러내는 사람이 되자. 아무리 "주여, 믿습니다. 할렐루야!" 하고 외쳐도, 하나님의 방식대로 하지 않고 자기 마음대로 행동한다면, 그것은 엉터리 믿음이다. 구원받고 나서 삶 가운데 하나님의 계명을 지키고 순종하는 사람이라야 진정한 믿음을 소유한 사람이다.

세상을 변화시키는 사람이 되자

신약 교회의 기초를 닦았던 두 사람이 있다. 바로 베드로와 바울이다. 하지만 고난받는 믿음의 가족들을 위해 로마에서 거꾸로 십자가를 질 정도로 주님을 사랑하고 사모하였던 베드로도 처음부터 그렇게 위대한 사도는 아니었다. 자신의 생활조차 책임지지 못하던 그였지만, 형제 안드레를 통하여 예수 그리스도를 만났고, 주님을 만남으로써 역사의 한 획을 긋게 되었다. 베드로를 향한 안드레의 도움이 있었다는 사실을 놓쳐서는 안 된다. 안드레의 탁월한 영향력으로 베드로가 변했고, 그 베드로에 의해 세상이 놀라울 정도로 큰 영향을 받게 된 것이다. 베드로에게 안드레가 있었듯이, 바울에게는 믿음 좋고 마음 좋은 바나바가 있었다. 과거에 예수 믿는 사람들을 박해했던 바울이었기에 그가 회심한 뒤에도 처음에는 그를 받아주는 사람이 아무도 없었다. 하지만 바나바의 영향력으로 참된 바울이 탄생했고, 바울은 탁월하게 세상에 영향력을 끼치는 인물이 되었다.

이와 같이 한 사람이 위대해지기 위해서는 누군가의 영향과 사랑, 헌신이 필요하다. 베드로나 바울과 같은 인물을 키울 수 있는 영향력을 가지고 있다면 얼마나 존귀한 인생이 되겠는가? 당신도 많은 사람을 영적인 사람으로 변화시킬 수 있는 영향력을 키우라. 믿음을 실천하고 하나님 방식대로 행하는 사람이 바로 탁월한 영향력을 끼치는 사람이다. 주변의 모든 사람에게 선한 영향력을 끼치고, 나아가 세상을 변화시키는 위대한 영향력을 발휘할 수 있는 사람이 되자.

사람에게만 영향을 끼치는 것이 아니라 이 암울한 세상을 향해서도 탁월한 영향력을 끼쳐야 한다. 우리는 이 땅의 법으로 사는 자들이 아니라 소망을 하늘에 두고 하나님의 법인 성경을 근거로 하며 살아가는 존재이지만 우리가 살고 있는 이 사회를 외면할 수는 없다. 함께 어울려 살아야 한다. 그리스도인들에게는 사회의 구석구석까지 깊이 들어가서 선한 영향력을 끼쳐야 할 사명이 있다.

그리스도인들은 단순히 돈만 위해서 일하지 않는다. 만일 당신이 돈만 위해서 일한다고 하면, 하나님께 영광도 되지 않을 뿐만 아니라 돈의 노예가 되어 하나님을 저버리고 돈의 지배를 받게 될 것이다. 우리는 일을 통해 하나님께 영광을 돌려야 한다. 돈은 단지 일의 대가요, 일하면서 얻게 되는 부산물일 뿐이다. 그러므로 그리스도인들은 일 자체를 감사하며 일하는 즐거움을 가져야 한다. 일을 통해 성취감을 얻고, 삶의 보람을 느끼고, 다른 사람을 섬기며 유익하게 하는 데 초점을 맞추어야 한다. 자신부터 변화되어 희생하고 봉사하고 충성하며 사랑할 때 우리는 잃어버린 양도 찾고, 또한 하나님께 영광을 돌릴 수 있을 것이다.

우리 한 사람은 어쩌면 아무것도 아닐 수도 있다. 그렇지만 우리는 끊임없이 다른 사람에게 영향을 주고 영향을 받는다. 당신은 스스로 의식하든 하지 않든 다른 사람과 더불어 산다는 것을 인정해야 한다. 늘 깨어 있어야 한다. 자신의 생활이 다른 사람에게 지대한 영향을 미친다는 것을 알아야 한다. 진정한 주님의 사람이 되기를 원하는가? 진정한 빛의 자녀가 되기 원하는가? 그렇다면 변해야 한다. 진지한 모습으로 자신을 돌아보고, 말을 비롯하여 행동, 마음, 생활 등 자신의 모든 것을 변화시켜야 한다. 믿음대로 실천해야 한다. 하나님의 방식대로 행동하며 살아야 한다. 그리하여 탁월한 영향력으로 이 세상을 변화시키는 사람이 되자.

영향력 있는 삶을 위한 원리

⭐ 말만 하지 말고 믿음대로 실천하라

기독교는 실천의 종교다. 말만 앞서는 것보다 실천의 생활을 통해서 그리스도를 증거하는 사람이 참으로 성공하는 사람이다. 믿음의 완성은 행함이다. 지도를 소유했다고 여행을 마친 것이 아니다. 목표를 가졌다고 목표를 달성한 것이 아니다. 목적지를 향해 여행을 떠나야 하고, 목표를 향해 첫걸음을 내딛어야 한다. 많은 사람이 성취자가 되지 못하는 것은 그 최초의 한 걸음을 내딛지 못하기 때문이다. 한 걸음씩 나아가는 것이 중요하다.

⭐ 하나님의 방식대로 행하라

하나님의 방식은 믿음과 신뢰의 방식이다. 믿음과 신뢰를 가지고 행하라. 그러면 세상을 변화시킬 수 있다. 또한 하나님의 방식은 사랑의 방식이다. 사랑을 실천하는 것이 살아 있는 믿음이다. 하나님을 사랑하는 사람은 사람을 사랑한다. 하나님을 유익하게 하는 사람은 사람을 유익하게 한다. 진실한 행동을 통해서 사랑을 보여주어야 한다.

⭐ 세상을 변화시키는 사람이 되자

많은 사람을 영적인 사람으로 변화시킬 수 있는 영향력을 키우라. 믿음을 실천하고 하나님 방식대로 행하는 사람이 바로 탁월한 영향력을 끼치는 사람이다. 주변의 모든 사람에게 선한 영향력을 끼치고, 나아가 세상을 변화시키는 위대한 영향력을 발휘할 수 있는 사람이 되자.